ナマステ紀行

世紀をつなぐ
ネパール出会い旅

桝田 祐子
MASUDA YUKO

幻冬舎MC

ナマステ紀行

——世紀をつなぐネパール出会い旅

はじめに

二〇〇一年六月一日、カトマンズの王宮内で当時のビレンドラ国王とアイシュワリヤ王妃ら王族が銃撃され、九人が殺害された。自動小銃を発砲した後、自殺を図ったとされるディペンドラ皇太子が一時的に王位を継承したが、意識不明のまま三日後に死亡。ネパール王族殺害事件である。

このニュースを聞いて、私は唖然とした。なぜなら、この事件の半年前にネパールを旅したからである。二〇世紀最後の年末には連夜、国王一家の特集がテレビで放映され、旅する自分には平和な王国に見えていたのだ。

ネパールで出会った人たちの顔が次々に浮かんだ。「ナマステ（こんにちは）」と言って出会い、「ナマステ（さようなら）」と言って別れた、たくさんの笑顔。一体彼らはどうしているのだろう。

そう思ったのも束の間、日々の仕事に翻弄され、気が付くと二〇年以上の歳月が過ぎていた。

二〇二二年の春、私は退職し、教員生活にひと区切りを付けた。新しい生活に向けて身辺整理をする中で偶然、ネパールの旅行記を連載している学級通信が見つかった。一月から三月にわたって手書きで書いている。読み始めると懐かしさが込み上げ、いろいろな思い出が一気に広がっていった。嬉しいことも、悲しいことも。

旅をした翌年、私は新しい職場へ異動した。その年、国内では池田小学校児童殺傷事件、国外ではニューヨーク同時多発テロと大きな事件が続き、その頃から世界の治安が急速に悪化していく。そして、自分自身も多忙な生活になったことと重なり、すっかり旅をする余裕がなくなってしまう。そんな状況の中、「退職したら、きっとまた二人で旅ができる」。そう信じて疑わなかった。

しかし、いっしょに旅するはずの友人はもういない。五〇歳を目前に、病気で亡くなったのだ。それまで国内外を幾度も旅してきたが、結局ネパールが二人の旅の最後となった。偶然見つけた学級通信。これは何か見えない力が働いているのかもしれない。二人にとって忘れることができない旅、友人がいたからこそ数々の挑戦ができたこの旅を、なんとかして残したい。そんな想いに突き動かされ、二〇世紀から二一世紀をつないだネパールの旅を、自分の机上でもう一度辿ってみようと思う。

目次

第三章 暗い心に火がともる

第四章 水を得た二一日間

第五章 ヒマラヤの空に祈る

第一章　ネパールの大地へ

なぜネパール？

「ネパールに行ってきます」と言うと、みんなが「どうしてネパールなの？」と口々に質問する。ロンドン、パリ、ニューヨークなどなら、誰も聞かないだろうけれど。

私たちの旅先が、なぜネパールになったのか。それは、一本の映画から始まる。

二〇〇〇年八月、友人の部屋のポトスがすくすく伸び、艶やかな緑の葉が白い壁にひときわ映える午後。あまりの暑さに外出を避け、部屋で映画を見ることにした。数ある中から選んだのは『セブン・イヤーズ・イン・チベット』。雪山の景色の清涼感、ブラッド・ピット主演の話題作といった理由からだったと思う。

軽い気持ちで見始めたが、だんだんと映画の世界に引き込まれ、気が付くといつの間にか魂が揺さぶられるほど感動していた。一体、この感動はどこから来るのだろう。実話だからなのか、激動の歴史の渦に巻き込まれていくからなのか。はたまた、チベットに暮らす人々の謙虚な生き方、そして厳しくも美しい崇高な自然から来るものなのか。一人の登山家の生き方を根底から変えたチベット。しばらくの間、強い日差しに光るポトスの葉を見ながら、二人して余韻に浸った。

映画を見ながら互いの興味も膨らんでいた。友人はチベット仏教、私は祭りや踊りなどの音楽文化である。現地へ行って、この目で見たり、この耳で聴いたりしたい。そして、チベットの世界観を体感してみたいと強く願った。

次の瞬間、「これはもう、チベットに行くしかない」と意気投合。イタリアへの旅行から六年、久々の海外旅行。思い立ったが吉日、その勢いですぐさま書店へと向かった。

旅行ガイドを探して調べたところ、「チベットに一般観光客が立ち入りできるのは二月から一一月の期間」と書いてある。つまり一二月と一月は旅行ができないというわけだ（現在は三月に限るらしいが……）。二人そろって海外旅行ができるのは、一年の中で年末年始のみ。夏休みは二人とも職員研修、学校や地域の行事などへの参加があるため、互いの日程を調整するのは難しい。というわけで、瞬く間に私たちの夢は打ち砕かれ、やむなくチベット行きは断念することになった。

しかし数日後、友人が新たな情報を得たと電話をかけてきた。

「ネパールならチベットから移住してきた人も多く、インドとチベット両方の文化が共存していて面白いらしい。ネパールに旅行してみない？」

こうして私たちは行き先をネパールに変更し、旅の計画を立てることにした。

調べてみると、友人が会ってみたいラマ僧であるケツン・サンポ・リンポチェがカトマンズ郊外に住んでいること、私が興味を持っている仮面音楽劇「伎《ぎ》楽《がく》」の源流がネパールにあることもわかってきた。

さらに、友人の勤務校近くの写真館の方が大のネパール通で、現地の旅行代理店を紹介してくださるという展開へとつながった。

これによって、団体ツアーではなく、願ってもない自由な個人旅行が実現することになったのである。

いざ、ネパール！

海外旅行の準備をする際、気がかりなのは気候。どんな服がどのくらい必要なのか、いつも悩む。

ネパールは中国のチベット自治区とインドにはさまれた位置にあり、エベレストをはじめとする「世界の屋根ヒマラヤ」のイメージが強いので、ついつい寒さの厳しい国だと勘違いしてしまう。ところが、ガイドブックで調べてみると、冬でも日中は二〇度くらいあると書いてある。奄美大島と同じ緯度なのだ。これを読んで、ますますわからなくなった。

言葉についても、英語が通じると書いてあったので、それに甘んじてネパール語は全く勉強しないまま、出発の日を迎えた。

二〇〇〇年一二月二九日、関西国際空港から旅立った。ネパール直行のチャーター便である。機内はかなり狭い。辺りを見回すと、年齢層は高め。五〇～六〇代くらいの人たちがかなり多い。しばらくすると機内放送が入り、一抹の不安がよぎる。

「今朝の新聞によると、カトマンズで抗議行動、死者四人、負傷者一二〇人と報じられております。これは政治に対するものではなく、人種差別的な発言に対する抗議行動なので、おそらく今は収束していると思われます」といった内容だった。

　これまでの海外旅行とは違う緊張が走る。やはり未知の世界だ。

　飛行機の窓からの風景も然り。タイ上空、ミャンマー上空、インド・カルカッタ上空から見る景色は、緑の多い日本のパノラマとは違って、茶系が主体の大地の色。川は蛇行していて、力強い印象を受ける。しかし、見とれるような美しさとは言いがたい。

　時間が経つにつれ、席と席の間が狭いこともあり、八時間以上の空の旅はかなり疲れてくる。だんだんと腰が痛くなってきた。今なら、エコノミークラス症候群を心配するところだが、当時はまだそんな言葉もなく、ひたすら我慢した。

しかし、ヒマラヤが見えた瞬間、痛みも吹っ飛んだ。空の上にぽっかりと頭を出したヒマラヤ連峰は、まさに世界の屋根。白い輝きに鳥肌が立つ。その中で雪がほとんどなく、グレーに見えるのがエベレスト。白く見えると思っていただけに意外だったが、逆に目立って存在感がある。ヒマラヤ連峰は、途切れ途切れに見え、四つの塊に分かれていた。カトマンズが近づくと、レンガ造りの家々が見えてきた。小さな箱のような家が並んでいる。一体どんな町並みなのだろう。

わくわくしたのも束の間、出入国カードを記入しなければならない私たちに、ゆっくり眺めている余裕はなかった。

トリブバン国際空港へ着陸した。私たちにとって初めてのアジア旅が始まる。気になる天候は、飛行機の窓から見る限り、とてもよい感じだ。二人の旅の始まりはいつも晴れると喜び合いながら、レンガ造りの空港へ向かった。随所に立っている浅黒い肌の係員たちを見て、ネパールへ降り立ったことを実感する。入口と出口の看板は、紙に英語とネパール語でペン書きされているだけの殺風景な空港だ。とても国際空港とは思えない。中に入ると改築中で、あちこちで工事が行われていた。途中トイレに立ち寄るが、セメントの床が水浸し。ここで入るのは諦めて、すぐに入国審査へと向かう。すると、日本語をやたらと使いたがる面白いおじさん二人が担当。しかも、友人の出入国カードを切り忘れるといういい加減さだ。人懐っこい友人は「ちょっと、しっかりしなさいよ」と言わんばかりにおじさんの頭を軽くたたき、四人で笑い転げた。全く迷う余地のない小さな空港のこんな出会いから、私たちのネパール旅は始まった。

入国審査を終えて出口へ向かうと、そこにはすでに旅行客を出迎える人たちが大勢集まっていた。自分たちの泊まるホテルのウエルカム・プレートを探す。しかし、目を凝らして見れども、なかなか見つからない。しばらくの間キョロキョロしていると、ついに友人が発見した。他のプレートが高々と掲げられる中、私たちの泊まるホテルのプレートは、やけに低い位置に下ろされているではないか。待ちくたびれて疲れたのだろうか。歩み寄って名前を告げると、にっこり笑って「ついてきて」というしぐさをした。ほっとした私たちは、案内されるがまま空港を出た。

一二月下旬なのに、うららかな春のような日差し。やはり奄美大島と同じ緯度なのだ。しかし、のどかな気分はそこまでだった。

カトマンズ道路事情

空港へ降り立った私たちを待ち受けていたのは、かわいらしいメタリックピンクの軽自動車だった。日本ではもう見ることのできないような古さ。いわゆるポンコツ車だ。座ると天井が頭にすれすれ、クッションがはみ出して垂れ下がっている。スーツケースはトランクに一つしか入らず、残りのもう一つを後部座席の真ん中に置く。私たちはその両脇に座ることとなった。機内に続き、またしても狭い空間での移動だ。

そして、走り出すやいなや、私たちは何度も頭を天井にぶつけた。むち打ち症になりそうなほどの衝撃に身も心も痛む。見た目はアスファルトの道路だが、あちこちに大きな穴やくぼみのあるでこぼこ道だ。二人で顔を見合わせ、「まるで、ロデオ状態！」と同じことをつぶやいた。これはひたすら口を閉じて辛抱するしかない。なぜなら、会話をすると舌を噛んでしまいそうだからだ。また、道路が狭いため、車とすれ違う度にとてもスリリング。接触するのではないかとひやひやする。

口をつぐんで周りを見ると、バスやタクシーの他にオートバイ、オート三輪、リクシャーという白転車の後ろに人力車が付いたような乗り物が、一本の道路を一緒くたに走っている。信号はほとんどなく、クラクションの合図がすべてだ。いろんなクラクションの音が重なり合って鳴り響き、ものすごい砂煙が舞っている。坂道も結構多いため、なおさらアップダウンが激しく感じられる。

そんな中、あちこちで子どもたちが楽しそうに遊んでいる。また、果物店には、みかんやりんごが山積み。バナナは紐で縦に吊ってあり、思わずほほえんでしまう。色とりどりの果物がずらりと並んでいるのを見て、異国に来た喜びを噛みしめる。

乗り心地にすっかり慣れた頃、ふと「カトマンズで抗議行動、死者四人、負傷者一二〇人」という機内放送を思い出した。たどたどしい英語で運転手に質問すると、インドの映画俳優がネパール人は嫌いだという発言をし、それに怒った人たちが二日間にわたって暴動を起こしていたことがわかった。そして、今はもう収まっているとのこと。とりあえず、ほっと胸をなで下ろした。

それにしても、すごいところに来たものだ。ネパールの道では、自分の身は自分で守らなければならない。日本ではとても体験できない喧噪と混沌の世界。いきなりその洗礼を受けた私たち。想定を遥かに超える状況に、期待よりも不安の方が上回る。これまでの海外旅行では経験したことのない感覚だ。これから一体どんなことが待ち受けているのだろうか。

横に目をやると、大人二人を乗せて走るリクシャーの運転手が見えた。こんなでこぼこ道をよく進んでいくものだ。その並々ならぬハンドル操作のテクニックと、重いペダルを踏んで前進し続ける根性には頭が下がった。

タメル地区へ到着

空港からのロデオ体験をすること約二〇分。ホテル到着は午後四時前だった。玄関には大きなクリスマスツリーのイルミネーションがきれいに飾ってあり、素焼きの置物や花の鉢植えも並んでいる。フロントで手続きを済ませた後、階段を上って二階の部屋に案内された。

部屋に入ると、ベッドと固そうな椅子、テーブル。家具はそれだけのガラーンとした空間だった。しかし、白い壁に茶系とベージュの二色のストライプ柄のカーテンは目に優しく、思いのほか気分は落ち着く。フロントでもらったオレンジジュースの色がやけに鮮やかで、ひときわ目立つ。照明のスイッチは、なんと部屋の外にある。つけたり消したりする操作に、いちいち部屋を出なければならない。エアコンはかなり古そうに見える。道路事情に次いで、ショックの色は隠せない。

クローゼットを開けてみると、ハンガーの違いに驚く。日本のハンガーは、S字のようなフックが付いているが、ネパールのハンガーは異なっていた。クローゼットのバーにすでに小さな穴のあるフックが付いており、ハンガーの短い棒状の柄をその穴に着脱する仕組みなのだ。これは、このホテルだけなのか、ネパールのハンガーがこういうものなのか。二人では話すものの、ホテルの人に質問できるほどの語学力もなく、未だに謎のままである。

ひと通り荷物整理が済んだところで、お世話になる旅行代理店に電話をかけるが、回線が混み合っているのか通じない。まだ外は明るいので、直接訪ねてみることにした。

ここはカトマンズの中心タメル地区。しかし、道路は狭く、何度も自動車にひかれそうになる。

「自分の身は」

「自分で守る」

友人と交互につぶやきながら歩いた。

旅行代理店はそう遠くはなかった。旧イミグレーション・オフィスというだけあって、大きく立派な建物である。旅行代理店のオフィスにはたくさんの人がいて、次々と電話が入ってくる。とりあえず到着の報告だけにし、足早に出ようとすると、「大晦日のナガルコット一泊ツアーがとれそうだから、また連絡するよ」と言ってくださった。二〇世紀から二一世紀にかけてヒマラヤを望む地で過ごせるなんて夢のようだ。

「ありがとうございます！」

オフィスを出て、初めての食事をすることにした。近くにちょうどネパール料理のレストランを見つけた。こぢんまりとした店舗で、入りやすそうな雰囲気だったので、迷わず決めた。

初のネパール料理はダルバート。ネパールを代表する家庭料理だ。ダルは豆のスープ、バートは白いご飯のこと。典型的なダルバートには、この二つ以外に、野菜のおかずのタルカリ、肉や魚のカレー、薬味・漬物のアチャール、青菜の炒め物のサーグなどが付き、日本でいう定食のようなものである。私たちが食べたダルバートは、大きなアルミ製の皿に、白いご飯がお子様ランチのように型抜きされ、その横にジョール（汁）タイプのタルカリ、ほうれん草のサーグがいっしょに盛られていた。タルカリは、まるで野菜のスープカレーのようにさらさらしており、トマト、玉葱、ジャガイモなどがいろいろなスパイスで煮込んである。硬めのご飯に混ぜて食べると、食感のバランスが絶妙で、日本のカレーライスとは違い、ずっと優しい味だった。

ダルは、青臭い味のスープかと思っていたが、日本の小豆に似たような味で驚いた。小豆ではない豆に見えたが、小豆も入っていたのかもしれない。二種類の副菜が入る皿には、ペースト状の副菜と野菜の漬物のようなアチャールが入っていた。

さらに、ナンよりも薄くて小さなおせんべいのようなものも、かごに入れて運ばれてきた。ちょっと変わった薄味で、パリパリして美味しい。タルカりを付けて食べたらやめられなくなった。これは、豆粉で作られたパパドという南アジアのスナックで、ダルバートやインド料理によく付いているという。

後になって知ったのだが、ご飯にはタルカリだけでなく、ダルをかけ、さらにアチャールを混ぜて食べるのも美味しいらしい。ダルバートは、いろんな味を自分でブレンドして楽しめる料理だったのだ。知らない私たちは、日本のカレーライス感覚で食べてしまった。ネパール料理というと、スパイシーな味を勝手に思い描いていたが、意外にも辛みや酸味が程よく食べやすい味で驚いた。初めてのネパール料理に、ようやく身も心も癒やされた。

店を出ると、辺りはすっかり暗くなっていたが、道は相変わらず車やバイク、自転車、リクシャーの嵐。全くよそ見は許されず、「自分の身は」「自分で守る」を合言葉にしながら、迷うことなく無事ホテルに帰った。友人のおかげである。

ホテルの部屋のエアコンは、温度が低めでやや寒い。照明は暗くて文字が見えにくく、日記を書くのが大変だ。でも、テレビをつけると王室に関する特集番組があり、ネパールの音楽や舞踊がふんだんに流れている。明日からの旅でどんなことに巡り合えるのか、わくわくしながら眠りについた。

コラム❶ 高い？ 安い？ 値段交渉術

ネパールでは、タクシーにメーターなど付いていない。行き先だけ告げて料金について何も話さずに乗ると、後で高い料金を請求される。乗る前に交渉し、料金を決めてから乗らなければ損をしてしまうと思ってよい。

初めてのタクシーは空港からホテルまで二五〇ルピー。てっきりホテルの送迎車だと思って乗ったところ、実はタクシーだったらしく、そのときは言われるがまま支払った。ところが、旅慣れていくうちに、これが高かったことに気づく。二〇〇〇年当時、一五〇ルピーが相場のようだ。一ルピーが約一・六円だったので、二〇分近くタクシーで走ったとしても五〇〇円もかからない。まあ、日本と比べればかなりの安さだ。高く取られたものの、なんとか怒りは収まった。

続いてネパール二日目、聖地ボダナートからの帰り。すっかり疲れた私たちは、何の情報も調べないままタクシー運転手と交渉した。ボダナートからタメル中心地まで三〇〇ルピーと提示されたので、少しずつ値切って二〇〇ルピーまで落とした。これくらいでいいだろうと安易に納得し、二〇〇ルピーで交渉成立。お礼を言って、その額を払った。ところが、ホテルでガイドブックを見てびっくり。八〇ルピーが相場だと書いてあるではないか。よく考えたら、行きは一〇〇ルピー払ってタクシーを降りている。またしても不覚だった。やはり、事前に調べておくべきだったと大いに反省した。

それにしても、平気な顔で高い値段を告げる彼らはさすがである。悔しいけれども、観光客をしっかり見極めている。

さらにリクシャーの人たちは、その五分の一以下の距離でも一五〇ルピーなどと高い値段をふっかけてくる。カトマンズのダルバール広場からそう遠くないホテルまでの移動で一五〇ルピーと提示されたことがあり、「高すぎる。乗らない」と首を振ると、「待って、待って。一〇〇ルピー」と追いかけてきた。こんなときは「高い。乗らない！」とやや冷たく言い放ち、その場を立ち去ろうとするのが効果的だ。すると、「七〇、五〇、……」と下がっていく。そんな交渉を粘り強く続けるうちに、ようやくこちらが想定していた三〇ルピーで合意。慣れてくると、自分の中でここまで値切るという数字を決めて交渉できるようになってくる。

しかし、実際に乗ってみたら穴だらけのでこぼこ道。周囲の確認をしつつ、ハンドルを巧みに動かしてバランスを取り、重いペダルを精いっぱい踏み込んで進んでいく。彼の太ももの筋肉は、毎日の仕事でさぞ鍛えられていることだろう。坂も多く、だんだん気の毒になってきた。日本のような道なら、もっと楽にすいすい走れるのに。リクシャーを降りて料金を払うとき、ひどく汗をかいている彼の姿を見て、五〇ルピー渡すことにした。にこっと嬉しそうに笑う顔から、まだ若い青年だとわかった。

このように、ネパールでは何事も直接交渉。人と関わらなければ何も始まらない。でも、人と関わるからこそ旅の思い出にさらなるストーリーが加わり、今でもその状況が鮮明によみがえる。

第二章　聖地の風に吹かれて

初めての観光スポット

一二月三〇日、ホテル近くのベーカリーで朝食を楽しみ、いよいよ観光地へと向かう。ネパールの見どころの一つ、ヒマラヤ最古の仏教寺院のあるスワヤンブナート。小高い丘の頂上に、ブッダの目が描かれたストゥーパ（仏塔）が立っている。歩いていく私たちは地図を見て、まずチャトラパティという大きな交差点をめざすことにした。

街角で郵便ポストを見つけた。日本はひと昔前までは円柱型だったが、ネパールは四角柱。赤い四角柱の上に黄色い四角錐が屋根のように被さっている。さらにその先端には、ツリー型の小さな飾りまで付いている。あまりにキュートなツートンカラーのポストだったので、思わず立ち止まってシャッターを押した。

歩き始めた頃は少なかった人や車が次第に増え、チャトラパティの交差点に着いたときには、ものすごい交通渋滞となっていた。

そこから細い道に入ると一変、片田舎のような風景になった。土の道路では埃が舞っている。道に捨てられたゴミも少なくない。道沿いには、食料品や日用品を売っている店がある。途中、ホテルのシーツを手洗いし、天日に干している作業に遭遇した。整然と干されて並んでいく白い布は、まるで圧巻のモダンアートだ。風にはためく白が青い空に映えて、なんとも清々しい。

ホテルを出て四〇分。田舎道には、野生の羊、牛、犬などが次々と現れる。友人いわく「ここはまるで干支のオンパレード！」。確かに名言だ。しかも、今までネパールでは猫を見かけていないことに気づく。なぜだろう。ネズミがいないのか。干支にないからか。二人の会話は迷走した。

目の前に橋が現れた。深い霧が立ち込めている。その橋のたもとで、イノシシのような子豚が五匹追いかけっこをしている。イノシシは干支にあるが豚はないなど、先ほどの会話が復活する。

橋を渡ってからは、ひたすら上り道。しばらく下を向いて歩いていたが、ふと顔を上げるとストゥーパが見えた。嬉しくて元気が出る。歩くにつれて、あのブッダの目がみるみるこちらに近づいてくる。しかし、曲がりくねった道には水たまりや穴、たくさんのゴミが続く。泥と埃にまみれながらもひたすら歩き、ついに門まで辿り着いた。門を目の前にしたときは、さすがに感無量だった。そこからの大変な行程を知る由もなく……。

門を抜けると、ストゥーパに通じる気の遠くなるような階段が現れた。優に三〇〇段は超えるだろう。この階段を上らなければ、憧れのストゥーパに辿り着けないのか。これからが本当の試練の道なのだ。

ここに来て初めて、周りの人々がタクシーを利用して到着している理由がわかった。つらい階段の両脇には、多くの野生のサル。これが、ガイドブックに書かれていた恐怖のサル軍団か。買い物袋のシャカシャカという音を聞くと飛びかかって襲われるという情報を思い出し、ひたすらサルと目を合わせないよう、私たちとしては珍しく静かに上った。急な傾斜のため、すぐに足に疲れがくる。

休まず一直線に上っていたが、ついに息が切れ、立ち止まった。疲れて何も言えず、ぼーっと立ち尽くしていると、急に後ろから呼び止められた。なんと、入場料の催促であった。あまりに疲れ、足元ばかり見ていた私たちは気づかなかったのだ。言われるがまま、五〇ルピーを払ってさらに上ると、一〇段ほどで終わった。

長くて険しい階段を上り切って、本物のストゥーパの前に立ったときは、もう言葉にならなかった。青空にくっきりと浮かび上がる白いドームから、黄金に輝く光と影が織りなす横縞模様の塔が天に向かってそびえている。いぶされたような渋い黄金の輝きは、長い歴史を感じさせる。よく見ると、黄金の上にくっきりと描かれたブッダの目は、白と黒以外に赤・青・黄の三原色も使われていた。しかも、目だけではなく眉もある。鼻の位置に描かれている「?」はネパール数字の「一」で、あらゆる生命の統一を表しているものだ。塔頂からはタルチョという五色の旗が張られ、ときおり吹く風に揺らめいている。独特な世界観に目も心も奪われ、立ち尽くした。

ストゥーパの構造は、台座が瞑想、白いドームは煩悩から解放された無の境地、塔は涅槃《ねはん》に至るまでの一三の段階を示しているという。一体誰がこのようなデザインを思い付いたのだろう。摩訶不思議とはこのことか。摩訶はサンスクリット語 maha に由来し、「大いなる」「非常に」「優れた」といった意味を持つという。つまり、摩訶不思議とは、人知を超えた素晴らしさである。ストゥーパを見た私の脳裏をよぎった言葉は、偶然にも仏教とつながっていた。

ストゥーパを写真に収めたところで、スワヤンブナートはカトマンズ盆地を見渡せる絶景ポイントだということを思い出した。境内の周りは霧に包まれていたが、うっすらと見える景色が幻想的だ。丘から望む霧の下に広がるカトマンズ市街地は実に美しい。緑の中に、白や茶色の四角い家がぽこぽこと散らばってみえる。ひたすら歩き、ついぞ目にした光景は忘れられないものとなった。

初めての友だち

ネパールの寺院を散策するときは、ストゥーパを時計回り（右回り）に歩かなくてはならない。もともとインドの礼法の一つである『尊崇の念を表す対象には右肩を向けて、その周囲を右回りに回る』という内容が仏教に取り込まれ、定着していったものだという。

ストゥーパの周りには、チベット仏教の法具である『マニ車《ぐるま》』が備え付けられている。円筒状の本体が縦に貫く心棒によって回る仕組みになっており、それが横にいくつも連なっている。金属で作られたマニ車の側面には、チベット文字で「オムマニペメフム」と唱える言葉（マントラ）が刻まれている。中にはロール状に巻かれた経文が入っており、一回回すと経文を一回読んだのと同じ功徳があるといわれ、右手で回しながら進んでいくのである。

右回りの世界では、後戻りすることができない。間違って反対に回ると、悪いことが生じると考えられている。したがって、「あっ、あれをもっと詳しく見たい」と思ったら、もう一周しなければならない。友人はチベット仏教に興味があるため、もしかしたらと想定していたところ、やはり何度も回ることになった。いつまで続くのかと心が折れそうになったとき、遠くにヒマラヤの白い峰が一つだけ見えた。これは大変珍しいことだと、他の観光客から聞いた。経文のわからない私にとって、これも功徳だと思うことにした。さて、何周回ったのだろうか。

そして、やっと友人のマニ車巡礼が終わった。ありがたや、ありがたや。

現地で実際に見て気づいたのだが、黄金のストゥーパには、あのブッダの目が四面すべてにあった。写真を見て、正面だけにあるものだと勝手に思い込んでいた。「智恵の目」ともいわれるそのまなざしは、四方いわゆる全世界を見つめているのだ。

ストゥーパの裏のゴンパ（僧院）に行く途中、二人の男の子がゴム紐を絡めて丸くしたものをボールの代わりにし、足で蹴って遊んでいた。彼らは私たちに気づくと「ハロー」と声をかけてきた。そして、いっしょにやろうと身ぶりで誘ってきた。友人は「待ってました！」とばかりに駆け寄って、いきなり参加。私も加わり、四人でのネパール式蹴鞠《けまり》が始まった。

ところが、蹴ってパスをつなぐのは思いのほか難しく、なかなか続かない。そこで途中からは、バレーボールに切り替えて手でパスをし合った。ぎりぎりパスをつなげる私たちのぎこちない動きを見て、二人は笑っている。かなり盛り上がっていたが、こちらの体力が持たずギブアップ。休憩しようというメッセージを伝えるため、その場にしゃがみ込んだ。男の子たちもすぐに察して、私たちの前にちょこんと座った。

話してみると、一三歳と一〇歳の兄弟だった。兄は褐色の肌で、笑うと目尻がきりりと上がる精悍な顔つき。一方、弟はやや色白で目元にも口元にもまだあどけなさが残っている。ふと思い付き、男の子たちを喜ばせようとリュックサックから飴を取り出した。日本から持ってきたものだ。「ジャパニーズ・ボンボン、プリーズ」と私が言うと、嬉しそうに受け取り、すぐ口に放り込んだ。「グッド？」と聞くと、うんうんと頷く。私たちも疲れを取るため、飴を口に入れてしばし休憩した。

男の子たちはもう一度やる気満々の様子だったが、こちらは体力を使い果たし、時間も気になっていたので、「写真を撮っていい？」とカメラを向けた。二人はすっと立って肩を組み、飴を持った手を前に出してポーズを取る。なかなかいい写真だ。初めて遊んだネパールの仲よし兄弟。「サンキュー。ナマステ（さようなら）」と言って別れた。

人懐っこくて、英語が自然に使える子どもたち。日頃から観光客に慣れているのだろうか。ある意味、感心しながら広場を後にした。そして、ネパール語の「ありがとう」さえも知らなかった自分が情けなかった。

二人の兄弟に出会うまでは、体は寒くないが手先が冷えてかじかんでいた。やはりカトマンズ盆地は内陸性気候のため、朝夕の冷え込みは厳しい。でも、いっしょに遊んだおかげで、手先も足先もほかほか。そして心もぽかぽかになった。

探していたもの

ホテルの近くのタメル地区は、カトマンズの中ではやや高級な店が多いところだ。特に、観光客向けの店がたくさんある。

スワヤンブナートからホテルに帰り、その後一時間ほど、友人と私は別々に買い物をすることにした。私は迷わず楽器が置いてある店を探す。ネパールの代表的な楽器といえばサーランギー。写真でしか見たことがないが、木をくり抜いて作った胴の形はピーナッツ型でかわいらしく、動物の皮が貼ってある。ウクレレくらいの手頃な大きさの弦楽器だ。バイオリンと同様、四本の弦を弓で擦って音を出す。しかし、どのように演奏をするのかは実際に見てみなければわからない。ホテルに近いところから探すことにした。

一軒目、かなり小さなサーランギーの値段は八〇〇ルピー。よく見ると、弓の造りがかなりいい加減で、針金のような弦は四本とも同じである。どう見ても置物だ。五〇〇ルピーまで値を下げてくれたが、本当の楽器ではない。買ってくれとばかりにすがるように勧められるが、丁重に断って店を出た。その後いくつかの店に寄るが、笛と太鼓ばかり。サーランギーがあっても、さっきの店と同様、置物用だ。しかし、ついに楽器専門店を見つけた。

店の前にラッパ系の管楽器が高さ順にきれいに並べてある。なかなか粋なディスプレイだ。ガラス越しに店内を見ると、思った以上に様々な楽器が置いてある。青色の看板には、黄色い影付きの赤い文字でKATHMANDU MUSICAL HOUSEと書かれている。いかにもネパール楽器専門店という風情。中に入ってみると、そこには三つもサーランギーがあった。どれも彫刻が素晴らしく、値段は四五〇〇ルピー。しかし驚いたことに、どれにも弓が付いていない。私が興味ありそうに見ていると、店主がいきなり演奏を始めた。それもバイオリンの弓で！　おそらく、これも置物なのであろう。専門店でこれなのかと、落胆の色は隠せない。でも、まだ旅は始まったばかり。気持ちを切り替えて、他の楽器を見ることにした。

店内を見渡したところ、たくさんある笛に目が留まった。笛なら軽くて細く、スーツケースにも十分収まりそうだ。手頃な長さの笛を手に取ると、金属が巻かれたり、埋め込まれたりしてきれいに装飾されている。縦笛かと思って手に取ると、吹き口のところが塞がっており、フルートのような横笛だとわかった。これは面白い。「どんな音？」と言って指さすと、店主が演奏してくれた。他の笛の音色も次々と紹介するが、決して無理強いをしないという、ネパールでは珍しい接客に心が動いた。横笛と篳篥《ひちりき》のようなリード付きの縦笛の二本を購入することにした。二本だからということで、一〇パーセントのディスカウント！　得した気分で店を出た。後で調べたところ、一つはチベタン・フルート（チベットの横笛）、もう一つはギャリンというチベットのチャルメラ系の笛であることがわかった。

偶然だが、ネパールやインドの笛よりも、チベットの笛の方が自分の好みだということに気づいた。考えてみると、ネパール・インド系の笛は竹製のものが多く、木製のチベット系の笛に比べて軽やかな音色である。私はどうもチベット系の落ち着いた、野太い音色に惹かれるようだ。

しばらく歩いたところで、なんとサーランギーを演奏している青年を発見！　演奏しながら土産物を売っている。バイオリンというよりも、中国の胡弓のように艶っぽくてちょっとハスキーな音色だ。しかも装飾音を多用した陽気な音楽で、ときおり和音のように重なる響きが心地よいアクセントになっている。初めて見る姿に興奮しながら近づいてみると、四本の弦の太さが違い、高音の弦だけが金属製。これぞ本物だ。肩から紐で楽器を提げ、音程を作る柄の部分を上、弦を擦って音を鳴らす胴体を下にして、アーチ型の弓を巧みに動かしながら演奏している。弓を返す度に、弦を擦る圧力でギーギーという噪音が混じり、なんとも味わい深い。

「こんな楽器はどこに売ってあるの？」と聞くと、「これはぼくが作ったもの」と言って、背中にかついだ袋から、小さなおもちゃのようなサーランギーを出してきた。例の弦が針金のお土産用だ。

そこで、彼が弾いていたサーランギーを指さして「私はこれがほしい」と言うと、すごく驚いた顔をした。「いくら？」と聞くと、しばらく考えてから「六〇〇〇ルピー」という答えが返ってきた。ネパールの平均月給が八〇〇〇ルピーくらいと知っていたので、「高い！　買わない」と言って去ろうとすると、「待って、待って、五〇〇〇ルピー」と食い下がる。それでもまだ高いと拒んでいると、「四〇〇〇、三〇〇〇……」と下がっていく。そこで、「二五〇〇ルピーで買う！」と力強く言い切ってみたが、さすがに彼もすぐには値切りに乗らない。長い交渉の末、ついに二六〇〇ルピーで落札。「ユー・アー・ラッキーガール」と言いながら、しぶしぶとサーランギーを渡してくれた。

ホテルに帰り、友人に事の顛末を話すと、「ああ、その人はまた木を切って、削って、一から作らないと商売できないよ。本当に罪作りなんだから」と言いながら、「でも、よくぞがんばって手に入れた。偉い！」とねぎらってくれた。確かに可哀想なことをしたかもしれない。二六〇〇ルピーは値切り過ぎたと反省したが、彼との三〇分近くにわたるやり取りは楽しく、しかも売り物ではないものを手に入れた喜びでいっぱい。納得のいく買い物になった。

これって本当に聖地？

午後は、世界有数のチベット仏教の中心地ボダナートへ行くことにした。ネパール最大のストゥーパを有する聖地だ。カトマンズの中心地から東へ六キロのところにある。長い道のりを歩いた上に、さらに修行のような階段があったスワヤンブナートのことを思い出し、迷わずタクシーを利用する。ホテルからタクシーで約二〇分、一〇〇ルピーで話を付けてから乗り込む。私たちも、かなり旅慣れてきた。聖地というくらいだから、どんな神聖な雰囲気なのだろうと期待は高まる。

しかし、タクシーが止まったところは、意外にも人のあふれる商店街のような場所だった。きっとここから、かなり歩いていかなければ聖地に辿り着けないのだろう。覚悟してタクシーを降りる。すると、もう目の前にストゥーパが見えているではないか。

「ええ、うそでしょ」と思いながら進むと、あっという間にストゥーパの周りを歩いていた。ここにもたくさんの店が立ち並ぶ。右回りに一周したが、聖地というより繁華街といった印象が強い。

興ざめしたのはこれだけではない。袈裟姿のラマ僧たちの足元がスニーカーであったり、あげくの果てには、缶入りの炭酸飲料を飲みながら歩いていたりする。想像していた聖地とはかけ離れた光景が目の前に広がっていた。スニーカー、缶飲料に限らず、ラマ僧になるために修行している少年たちの中には、ストゥーパの周りで食べ歩きしている集団もいる。自分の描いていたラマ僧の修行のイメージとの落差に改めて驚く。すっかり観光地と化したところにあって、こうなってしまうのも無理はないか。彼らとて、今を生きる若者なのだ。

そんな気持ちをよそに、ストゥーパの圧倒的な存在感は目を見張るものだった。ネパール最大というだけあって、高さが三六メートル、台座の直径は一〇〇メートルにも及ぶという。しかも台座は三層からなり、半円球の白いドームがかなり高い位置にある。階段を上って台座の高い層の上を歩いている人たちも見える。台座の外側には、周りを囲む城壁のような白い壁があり、四つか五つずつのマニ車がぐるっと一周、一定間隔で備え付けられている。その数は計り知れない。

この巨大なストゥーパにも、四方を見渡すブッダの目があった。スワヤンブナートよりも大きく見開いた目は、瞳孔が大きく描かれている。力強さとかわいさが共存するまなざしだ。これに比べると、スワヤンブナートのまなざしは、きりっとした細い目でちょっと怖いくらいの威厳があった。目だけでも、こんなに印象が変わるものなのかと感慨深い。塔頂に向かう一三の段階を表す部分は階段状になっており、黄金の輝きを放っていた。

塔頂からはタルチョという五色の旗が数え切れないほど四方八方に向かって掲げられている。その本数は、スワヤンブナートの比ではないくらい多かった。白と黄金のストゥーパと五色の旗、すべてが青空に映えて美しい。摩訶不思議なストゥーパに、またしても魅せられた。

友人は土産店で小さなタルチョを買い、自分の部屋に飾ると意気込んでいた。ポトスとタルチョの部屋。まあ、それも悪くないか。一瞬、友人の部屋のその後を想像してしまった。

ボダナートでは、目の前で初めて『五体投地』を見た。友人から詳しい説明が入る。五体投地とは、一回一回地面にひれ伏し、両手・両膝・額（五体）を地に付けて祈りながら進む礼拝の仕方のこと。こうして巡礼する人たちは、実に一〇万回くらいの五体投地礼をめざすという。気が遠くなるほど過酷な旅だ。

かつて、サン・ピエトロ大聖堂で両手を大きく広げてひざまずく信者の姿に見とれてしまった私たち。場所も宗教も違うけれど、きっと根底にあるものは同じ。信仰するってすごいことなのだ。人間から、信じられないくらいのエネルギーを引き出す。そんな姿を目の当たりにして、これぞチベット仏教の中心地といわれる所以に納得し、改めてボダナートの魅力を実感した。

プジャを求めて

私は、ボダナートのゴンパ（僧院）で毎日午後三時半頃から行われるプジャという礼拝の音楽に興味があった。どうしても聴いてみたいので、手当たり次第ゴンパを巡ることにした。時間が決まっているため、小走りでゴンパに近づいては耳を澄ます。しかし、なかなか音楽は聴こえてこない。

諦めかけた頃、ものすごい低音のラッパ系の音が聴こえてきた。「これだ！」と叫んで、音のする方をめざして二人で猛ダッシュ。どうも二階から音がする。ゴンパの入口に立っていた少年僧に「入ってもいい？」と聞くと、どうぞと手招きして案内してくれた。

わくわくしながら上がってみると、長大なラッパと雅楽の楽太鼓のような台座に吊された太鼓、シンバルのような楽器などが見えた。そして今は、読経の声が響いている。ところが、あっという間に演奏が終わってしまった。

プジャはもっと長いはず。これはプジャではないかもしれない。そう思い、さらに別のゴンパを探すため、大急ぎで階段を駆け下りた。

「なかなか見つからないね」「今日はプジャのない日なのかなあ」と話しながら歩いていると、「ワン・ミルク・プリーズ？」というかわいい声がした。目を向けると、小学校低学年くらいの男の子がすがるような目つきでミルクをねだっている。しかし、私の心はプジャのことでいっぱい。「アイム・ベリー・ビズィー」と冷たく言い放って、他のゴンパへと急いだ。

プジャを求めて、さらにいくつかのゴンパを足早に回った。しかし、音楽が聴こえるゴンパには出合えない。こんなことなら、さっき唯一音楽を奏でていたゴンパで、もっとゆっくり楽器でも見ればよかったと後悔した。とはいえ、引き返す元気もない。結局その後は、どこからも音楽は聴こえず、がっかりしながらストゥーパに引き返した。

すると、さっき出会った少年が「ドゥー・ユー・ライク・プジャ？」と話しかけてきた。

「えっ？」

私たちの会話を聞いていたのだろうか。驚いて、すぐさま「アイ・ライク・プジャ！」と答えると、嬉しそうに笑った。「ワッツ・ユア・ネーム？」と聞いてくるので「ユウコ」と教えると、「ユウコ」と正しい発音で呼んでくれた。少年の名前は「ムナ」。山という意味があるという。お互いに名前を呼び合うと、仲よしになった気分だ。すると、ムナ君が「トゥデイズナイト、プジャ」と言って、今夜プジャの演奏があることを教えてくれたのだ。

「本当に？」

その場でガイドブックを開いてみると、確かにネパール暦の一〇日、一五日、二五日の夜に礼拝があると書いてある。行われる場所を尋ねると、ムナ君は実際そのゴンパに連れて行ってくれた。ストゥーパから近かった。まだ半信半疑だったので、近くにいた大人に聞いてみたところ、夕方六時頃からあるという。これはビッグニュースだ！

あまりに嬉しかったので、プジャの情報へのお礼として、ムナ君に粉ミルク一袋をプレゼントした。そして、この出会いを忘れたくないと思い、ムナ君の写真を撮らせてもらった。照れくさそうな表情だったが、別れるときは嬉しそうににっこり笑って去っていった。

　夕方六時まで待つことになった私たちは、ストゥーパの周りにある喫茶店の二階席に座り、人間ウォッチングを楽しみながら過ごした。いよいよプジャの時刻。教えてもらったゴンパの前に行くと、そこには思いがけない事態が待っていた。

バターランプの灯

プジャのあるゴンパに到着すると、再び現れたムナ君。ちゃんと覚えていて、わざわざ来てくれたのかと胸が熱くなった。近づいていくと、横にそっくりのかわいい男の子が立っている。「これがぼくの弟」と言わんばかりにムナ君は嬉しそうに笑っている。

ところが次の瞬間、その弟が私に向かって「プリーズ・ワン・ライス……」と言ってきた。

「えっ」と思わず絶句。そうか、今日の午後、私がムナ君にミルクをプレゼントしたからだ。もともと「ワン・ミルク・プリーズ」と言ってきて、最終的にそれが叶ったのだから、もう一度ねだってきたというわけだ。しかも、ミルクの次はライスときた。無理もない。とはいえ、このまま受け入れたら、さらにもっと要求してくるだろう。また、他の子どもたちが群がってくるのも目に見える。それに、ミルクにはプジャのお礼というはっきりした理由があったが、私はそれをきちんと説明したわけではなかった。誤解を与えたのはこっちの方だ。

そこで、勇気を出して「ミルクはプジャのお礼。だから、ライスはなし」と話した。心臓がどくどくと波打ち、いたたまれない気持ちが襲う。ムナ君からどういう反応が返ってくるだろう。心配して見ていると、ムナ君は「プリーズ・ワン・ライス」と言い続ける弟の口を後ろから両手で塞いだ。よかったあ、理解してくれた。ほっとすると同時に、「ごめんね。でも、わかってくれてありがとう」という想いを込めて、精いっぱいの笑顔を作った。次の瞬間、ムナ君と弟は「グッバーイ！」と明るく手を振りながら帰って行った。

別れた後も、何かすっきりしないものがあった。物乞いの少年少女が絶えないネパール。いちいち応えていたらきりがなく、そもそもそれは彼らのためにならない。これから先、何か別の方法で返していこうと気持ちを切り替えた。

プジャのあるゴンパは、巨大なストゥーパの周りの通路沿いにある。前には観光客が三〇人くらい集まっていた。礼拝を行う小さな一室には、一〇名くらいの僧が法具や楽器を前にして座っている。照明のある辺りはよく見えるが、部屋の奥は薄暗くてよく見えない。まだかまだかと待っていると、夕方六時二〇分頃から読経の声が聴こえ、礼拝が始まった。

立っている僧が、シンバルのような楽器ブプをけたたましい音で鳴らし始めた。続いて、長くて大きなラッパ系ラグドゥンの力強い低音が響く。大地を揺るがすような大音量に驚く。そして、チャルメラのような笛ギャリン、ホラ貝ドゥン、皮の太鼓ンガなどの音が付かず離れず重なり合う。再び噪音ともいえるくらいの激しさでブプが打ち鳴らされ、ラグドゥンが鳴り響く。その延々と続く低音の上に、まるで呪文を唱えるがごとく圧倒的に低い声の読経が始まる。辺りに振動を伝えるような重厚な声の響き。楽器の音と読経の声がくり返され、協和するでも不協和するでもなく、独立しながら重なっていく。プジャという礼拝に込める真摯な思いが音となって私の心と体に伝わる。求めてきた音楽とはこういうものだったのか。初めて体験する音の世界だ。ときおり目をつむりながら、夢見心地で聴いた。

プジャが終わると、すっかり夜。ストゥーパの周りには、数え切れないほどのバターランプが飾られている。おぼろげな月の下、揺れるランプの灯を見ていた。幻想的な光景に、時を忘れてうっとりしてしまう。

「ムナ君、いい子だったね。一〇年もすれば、きっと素敵な青年になるよ」

友人がぽつりと言った。

コラム② ポトスとタルチョ

友人が部屋で育てていたポトス。見る度にすくすく伸び、驚くほどの成長ぶりだった。友人は動物を飼ったり、植物を育てたりするのが得意だ。ポトスは光沢のある葉が印象的で、日光や水があまりなくてもどんどん育つイメージだが、調べてみるとさらにいろいろなことがわかった。

和名はオウゴンカズラ（黄金葛）。黄色の斑を持つ光沢のある葉のことを黄金と表し、その名が付いたという。また、繁殖する力が旺盛で緑を絶やさないことから、「華やかな明るさ」「永遠の富」という花言葉を持つ。その生命力の強さは、やる気を上げる効果をもたらし、長いつるは人とのつながりをよくするといわれている。さらに、ハート型の葉の形から、恋愛運が上がるという説もあるのだとか。また、ポトスの花は一〇年に一度咲くか咲かないかといわれ、専門家でもなかなか見ることができない大変珍しいものだそうだ。確かに私も今まで見たことがない。

一方、友人がボダナートで購入したタルチョは、チベットやネパール、北インド地方などで見られる五色の祈祷旗。仏法や願い事が世界に広がるとされ、チベット族の人々は、家の屋根、寺院の屋根、山頂や峠、橋や水辺などに、魔除けと祈りのために掲げる。タルチョには経文が書かれており、風にはためくと、お経を読むのと同じ功徳があるという。マニ車と同じ考え方である。文字が読めなくても、誰でも簡単に功徳を得られる計らいに、チベット仏教の懐の深さを感じる。

タルチョの色にはそれぞれ意味があり、宇宙を構成する五つを表している。

青……天や空
白……風
赤……火
緑……水
黄……大地や土

タルチョには経文の他に、馬や守り神が描かれているものもあるという。馬は速い風を意味し、祈りや願いを素早く届けて思いを成就させる。日本で願い事を書く絵馬も、同じような意味があるのではないかとひらめく。また、四神と呼ばれる中国古来の守り神である青龍・白虎・朱雀・玄武、さらには麒麟も描かれることがあると知る。日本でも、古墳時代の壁画に四神が描かれていたり、戦国時代の武将たちが麒麟を平和の象徴にしていたりする。これはまさに、シルクロードによって共通の文化が伝わり広がっていったことを物語っている。太古から人は、見えない祈りや願いを見えるものに託してきたのだ。

要するに、ポトスとタルチョがいっしょにあると、金運や人とのつながり、恋愛運などが上がることになる。実際、ポトスのあった部屋にタルチョを飾った友人は、その数年後に結婚し、二人の子どもを授かることになった。

きっと窓から入る風が、タルチョをはためかせていたに違いない。

第三章　暗い心に火がともる

消え去った夢

私たちがお世話になっている旅行代理店を営んでいる社長さんは、得意な日本語を生かして、日本とネパールの架け橋となる仕事を幅広くされており、中学生や高校生の友好視察のガイドや様々な支援活動などを行われている。旅の手配を進めてくださった写真館の方がグループで行っておられるネパールの支援活動にもつながっている。その関係で、私たちもちょっぴり協力することになった。

それは、使われなくなった日本の鍵盤ハーモニカを、スーツケースに詰めて届けることである。ネパールの学校で使ってもらうためだ。考えてみれば、鍵盤ハーモニカは息を入れることで音の出る構造だから、電気が要らない。また、息の量を調節すれば強弱が付けられ、表情豊かな演奏も可能だ。しかも、コンパクトで持ち運びやすい。日本では、小学校や保育園、幼稚園で個人購入することも多く、当たり前のように使っているため、自分自身ありがたみが薄らいでいた。今回私たちは、三台ずつスーツケースに入れ、計六台の鍵盤ハーモニカを届けた。

どこかの学校で、ネパールの子どもたちが使うと思うとわくわくする。どんな顔でケースを開け、楽器を組み立てて音を出すのだろう。きっと初めは思い切り息を入れ、やみくもに鍵盤を押して音を出すに違いない。そして、一音だけでなく、同時にいくつかの音を鳴らすことを見つけて、大騒ぎになるだろう。ネパールには教科としての音楽はないので、休憩時間の遊び道具の一つなのかもしれない。でも、いずれにせよ、子どもたちに驚きと笑顔をもたらすはずだ。自分たちも小さな貢献ができたことが嬉しかった。

さて、社長さんは私たちのために、とてもスペシャルな企画を提案してくださっていた。

ヒマラヤの展望スポットの一つ、ナガルコットへの一泊ツアーだ。カトマンズからヒマラヤの山々が見えるのは、本当に天気のよい日に限られる。見えたとしてもかすかに見えるだけで、ある程度標高の高いところに行かなければ、写真で見るような絶景には出合えない。

手配してくださったのは、一二月三一日から一月一日にかけての世紀の変わり目。世界の屋根ヒマラヤを望みながらのミレニアムなんて、なんと素晴らしい二一世紀の幕開けだろう。手を取り合って喜ぶ私たちだった。

しかし、喜びも束の間。そんなに事がうまく運ぶわけはなく、三一日の早朝、旅行代理店よりホテルに電話が入ってきた。それは、次のような内容だった。

「一月一日と二日にストライキがあるから、一日はバスやタクシーなどの交通機関がすべてストップする。一二月三一日にナガルコットに行っても帰る手段がない。だから延期しなければならない」

せっかく用意してくださっていた夢のような幕開けが、突然あっさりと消え去った。ここに来て、天候ならまだしも、ストライキとはなんという不運。

ヒマラヤにこんなにも近づいているのに、どんどん遠ざかっていく。

クマリの館

ヒマラヤを望むナガルコット行きは、一月三日と四日に延期が決まった。そこで、翌日からのストライキを控えた一二月三一日は、カトマンズの旧王宮があるダルバール広場へ行くことにした。

ここで興味があるのは『クマリの館』。クマリとは、由緒ある家柄の少女の中から選ばれる、人間の姿をした強力な女神。親元を離れて、日々神としての振る舞いを教えられ、日頃はクマリの館に住むことになる。人々の病気治療や願望成就の祈願、占いなどを行い、祭礼のときだけ町を巡る。国王さえもひざまずかせるクマリだが、成長後は往々にして不幸な運命を辿ることも多いという。

「高い拝観料を払うと、二階の窓からつまらなそうな顔を出してくれる」とガイドブックに書いてあったので、ドキドキしながら薄暗いクマリの館へと進む。二頭の石造りの獅子の門をくぐり、中へ入ると……。

ガーン！

思い切り梁に頭を打ち付けてしまった。火花が飛び散るくらいの衝撃に痛みが走る。しばらく声も出せなかった。どうしてこんなに痛むほど打ち付けたのだろう。暗い中に黒い柱。梁がこんなに低いところにあるなんて、全くわからなかったのだ。二人で顔を見合わせて「これはクマリ様のたたり？」と言っているうちに、頭のこぶがみるみる腫れてきた。必死で我慢する私に向かって、「高い拝観料を出さないとクマリも見れないし。ここはやめようか」と気遣う友人。確かに自分でも「なぜここまでの痛い思いをさせるのか！」という怒りが湧いていたので、あっさりその言葉にしたがった。

ちょっと不気味なあの館。写真を見るだけで、今でも痛みがよみがえる。昔からの風習とはいえ、選ばれた少女は家族から離れて館に幽閉されていたという。きっと家族も大変な苦労を強いられたことだろう。庶民で十分と思えるのだった。

そんなクマリに選ばれる条件の中で、興味深いものがある。

・菩提樹のような体
・子牛のようなまつげ
・獅子のような胸
・鹿のような脚
・アヒルのように柔らかく透き通った声

「～のような〇〇」というたとえが面白い。いかにも古くからの言い伝えという感じだ。誰にでもわかりやすい一方で、どのようにも受け取れる曖昧な表現。この緩い表現だからこそ、条件として長く続いているのかもしれない。

しかし、それらの条件をクリアした後の最終試験には驚いた。祭りの際に生け贄として捧げる動物の頭部を、同じように並べた暗い部屋に閉じ込め、泣いたり騒いだりせずに耐えられるかどうかを試すという。まさに肝の据わった選ばれし少女だけが、この大役を担うことができるというわけである。

二〇〇八年の王政廃止に伴い、クマリの制度についても変化があったようだ。毎年九月に行われるインドラ・ジャトラ祭において、クマリがひざまずく国王の額にティカを付け、翌年の統治を行う権利を与える祝福の行為は行われなくなった。その代わり、クマリが山車の巡行に出発する際には、大統領や首相が白い宮殿のバルコニーに並んで見送っているという。

また、クマリの生活も、教育を受けることや家族と過ごす時間が以前よりもさらに保障されるなど、改めて見直しが図られている。こうした様々な問題点を抱えながらもクマリの制度が廃止にならないのは、それだけネパールの人たちにとって大きな存在だということを示している。ヒンドゥー教と仏教が共存するこの国で、クマリはどちらの女神でもあるからだ。


さて、頭から血が出なかったのはよかったが、逆に友人は心配して、絶えず頭のこぶ周辺を診てくれた。幸い、大事に至ることはなかった。ネパールでは自分の身は自分で守る。旅行中ずっと付き添ってもらうこの痛みを、たたりではなく旅の守り神だと思うことにした。

バザールで復活

クマリの館で痛い目に遭ったからには、せめて買い物でもして気分転換を図ろうということになった。

ひとまずダルバール広場を離れ、インドラチョークへと向かった。そこは、中世の時代から変わらず続くバザールで、道の両側に食材や日用品、衣類などあらゆるものがびっしり並んでいる。庶民と観光客が入り交じり、物売りの声もにぎやかだ。

どの店にも色とりどりの商品が並んでおり、見ているだけで元気が出る。

そんな中で、ビーズの付いたかわいいニット帽を見つけた。ベージュの帽子のてっぺんから何本もの細い三つ編みが垂れ下がり、そこにはカラフルなビーズがいっぱい付いている。日本では見たことのないデザインに心惹かれる。手袋も日本の一般的なものより、太い毛糸で編まれており、いかにもあったかそうだ。色も模様も異国情緒が漂っている。あれにしようか、これにしようか、二人で見せ合いながら選ぶ。

最終的に私は、ビーズ付きの帽子とチベット柄の手袋を一組購入した。友人は、私がまさかあんな派手な帽子を買うとは思っていなかったらしく、かなり驚いていた。そこで帽子を取り出して実際に被って見せたところ、「あっ、意外と似合ってる」と、にこにこしながらほめてくれた。

続いて、紅茶のお店。「へえ、こんな茶葉なんだ」と友人がつぶやく。見てみると、ネパールの紅茶は日本で見るような茶葉の形状ではなく、数ミリくらいの粒状に丸められている。初めて見る茶葉に驚く。お湯を注いだらどんな風になるのだろう。興味津々だ。

横に目を向けると、鮮やかな赤や緑、紫色のシルク生地のポシェットがたくさん吊ってある。何かと思って手に取ると、中に紅茶が入っている。ファスナー付きのポシェットには肩かけ用のカラフルな紐も付いており、後で十分使えそう。まさにお土産にぴったりだ。他のお店にも同じようなものがあり、値段は高い店で八〇ルピー、安い店になると五〇ルピー。どちらにしようか行ったり来たりしながら迷っていると、私の前に突然、どこかで見たおじさんの顔が現れた。

あれっ、誰だったっけ。すると、目の前にあのビーズ付きのニット帽。

まあ、私ったら被った姿を友人に見せた後、ほめられて得意になり、そのままお店に忘れていたようだ。あるいは落としていたのかもしれない。もう恥ずかしくて顔から火が出そうだ。でも、わざわざ届けてくださったおじさんの親切が何より嬉しく、心から「ダンニャバード（ありがとう）」と伝えた。

スワヤンブナートでいっしょに遊んだ兄弟に、ネパール語でお礼が言えなくて後悔した私たちは、ホテルに帰ってからネパール語の「ありがとう」を調べておいたのだ。役に立って嬉しかったが、いつもこんな親切な人ばかりとは限らない。友人と二人、今後忘れ物をしないよう互いに気を付けることを誓った。

今度は、ずらりと並ぶお面に惹き付けられる。手のひらサイズのものが多く、壁飾り用だ。ざっと見たところ、私が手に入れたい伎楽の登場人物のお面はない。しかし、見ているうちに、象の頭を持つ神ガネーシャ、太陽の神スーリヤと月の神チャンドラのお面が妙にかわいい。鮮やかな色彩とちょっとポップなデザインだ。

続いて、さらにポップな絵柄のカレンダーが並ぶ。これはミティラー画といって、ネパール南西部のミティラー地方の女性が描いているものだという。雨乞いや豊作、健康などを祈って、もともとは壁や床に描かれていたもので、およそ三〇〇〇年の歴史を持ち、母から子へと引き継がれている。しかも、そのカレンダーは手漉き和紙でできていて、色味も手触りも独特の風合いだ。それなのに、六枚綴りでも八〇ルピーほどで買える。いくつかの店を回ったが、結局初めに入った店でお面もカレンダーも購入した。

一度ホテルに帰って荷物を置くことにした私たちは、まだ歩いていない道を歩いた。カンティ・パトという大きな通りでは、音楽隊のパレードに遭遇。道路のあちこちに警官らしき人々が立ち、ものものしい雰囲気だ。おそらく王宮までパレードするのだろう。まさかこんな生演奏の行進に出合えるとは思わなかったので、すごく得をした気分になった。

クマリ様にちょっぴり感謝。

ネパールの闇　日本の闇

帰り道にいつものベーカリーでパンを買い、ホテルで昼食。買い物で少しは気が晴れたことだし、午後はホテルでちょっと休憩だ。ベッドに横になるが、やはり頭のこぶが痛む。椅子に座り直し、しばらく静かな時を過ごした。「こんな大きなたんこぶを作って新年を迎えるなんて……」と、大きく隆起したこぶをさすりながらため息をつこうとした瞬間、大事なことを思い出した。大晦日に家族に電話すると言っていたのだった。ついつい目の前のことに夢中になり、二人ともすっかり忘れていた。きっと今頃、二つの家族が首を長くして電話を待っていることだろう。今なら携帯電話ですぐにかけることができるが、二〇〇〇年当時のネパールにはおそらく公衆電話もなく、ガイドブックに書いてある通り、中央電報電話局へ行って電話をかけるしかない。地図を頼りに、私たちは国際電話ツアーへと出発した。

午前中に歩いたカンティ・パトという大通りをまっすぐ南下するだけなので、迷うことなく到着したものの、中に入ると薄暗く、誰もいない。なんと侘しい電話局だろう。もしかして今日は休みなのかと不安になったが、そんなはずはない。少し奥に入ってみた。すると、扉に1、2、3という番号の書かれた個室があり、電話番号を書く用紙と窓口が見つかった。

用紙に電話番号を記入して窓口にさし出すと、「1」の扉の電話ボックスに入るようにと指示を受ける。ボックスに入って受話器を取ると、係員がやってきてダイヤルを押し始めた。番号が読み上げられ、正しかったので「ＯＫ」のサインを出す。どきどきしたが、しばらくしてつながった。なるほど、こういう仕組みなのか。まさに初めてのおつかい状態だ。

家族は思ったほど心配した様子もなく、ほっとした。

「到着前に暴動があったらしいけれど、もう収まっていて大丈夫。今はもう何の心配もない。ネパールはこれまでの旅行にはない面白さ。帰ったらしっかり話すね」と伝えた。全く暴動のことは知らなかったようなので、余計なことを言ってしまったと反省したが、頭を打ったことやこれから始まるストライキのことは敢えて伝えなかった。帰ってから、笑って話すとしよう。友人も同じく、インド人発言の暴動は日本では報道されてないみたいと言っていた。あれは、ネパール国内のニュースだったようだ。電話料金は、数分で二九一ルピーだった。

電話局を出て今いる場所を確認すると、午前中に行ったダルバール広場よりもかなり南に来ていることに気づいた。それならもう一度ダルバール広場に戻り、別の寺院を見ようということになった。クマリの館は避け、大通りに立ち並ぶ数々の寺院を眺めながら歩いた。見事な彫刻が施された建築物が続く。探し求めていたハヌマン像も見つけた。ハヌマンとは、ヒンドゥー教のサルの神。ここの像は、赤い傘を被せられた赤いハヌマンだった。その後、各地で様々なハヌマン像に出合うことになる。さらに、もう一つの名物カーラ・バイラブの巨大な石像も見つかった。恐怖の神と呼ばれるカーラ・バイラブは、右手で刀を振り上げ、左手に生首をぶら下げており、この像の前でうそをつくと即座に死んでしまうという。そんな言い伝えがあることから、どれだけ凄まじい恐さなのだろうと期待していたが、実際には色も鮮やか、かわいらしい笑顔にも見える姿に拍子抜け。よほど、クマリの写真の方が怖いと思うのだった。

広場に出ると、お金や物をせがんでくる大人や子どもに次々と出会う。ムナ君のこともあり、心を鬼にして相手にしないよう努めるが、見ているとだんだん辛くなってくる。いろんな才能が眠っているであろう子どもたち。学校に行くことなく、家の手伝いをしたり、こうして観光客にお金や物の施しを乞うたりして家族に協力している。でも、見方を変えれば、その切実な姿は実にたくましく行動的だ。生まれてからずっとそれが当たり前だと思っているだろうが、一方で制服を着て学校に通っている子どもたちの姿も目にしているはずだ。どんな思いで見ているのだろう。私にはなかなか想像しがたく、改めて日本という国のありがたさを感じずにはいられない。

しかし、学校に行きたくても行けない子どもの多いネパールに対して、学校に行けるのに行きたくない子どもが増えている日本。実は、こちらの方がより深刻な問題なのかもしれない。生活や学びの環境が整っていることで、自分から求めようとするハングリー精神のようなものが薄れている気がしてならない。

ネパールでの大晦日

　ネパールと日本の時差は三時間一五分。これには大変便利なことがある。腕時計をした左手を九〇度左に回す、つまり縦向きにすると、日本時間より三時間一五分早い『ネパール時間』になるのだ。普通の海外旅行なら、機内で現地時刻に合わせるところだが、今回はそのままで旅をしている。先ほど日本に電話をかけたのも、こちらでは午後二時半過ぎだったが、日本では夕方六時前ということになる。

　ホテルに帰って荷物を整理しながら、今日の夕食はチベット料理に挑戦してみようと話がまとまった。おとといのネパール料理のレストランと同様、こぢんまりとした入りやすそうなレストランを見つけ、入ることにした。面白いことに、ネパール料理の店のテーブルクロスが白地に赤のギンガムチェックだったのに対して、ここチベット料理の店は白地に紺のギンガムチェック。まるで姉妹店のように感じてしまったのは私だけだろうか。

この店で勧められたのがモモ。これは果物の桃ではなく、餃子のような料理である。

チキン・モモ、マッシュルーム・モモ、ベジタブル・モモ、バッファロー・モモの四種類があった。水牛バッファローに興味はあったが、慣れないものを食べてお腹を壊してもいけないので、チキンとベジタブルを注文した。出てきたモモは、餃子よりひと回り大きく、一皿に八個、風車のように並んでいる。ナイフとフォークが添えられ、これにかなり辛いカレー味のソースを好みに応じて付けながら食べる。日本の餃子よりも皮が厚くてぷるっぷる。しっかりとしたこしがある。日本ではなかなか出合えない食べ応えだ。

モモがすこぶる美味しかったので、さらにタントゥックというパスタ料理も注文した。こちらは、きしめんのような平型パスタ。その上にトマトとチーズのソースがたっぷりかけてある。ところが、ゆで過ぎの麺と濃い味のソースという組み合わせは、私たちには受け入れがたいものだった。日本人がこだわるゆで加減とは全く無縁の世界。やはり何と言っても、チベット料理のおすすめはモモ。その食感と味わいは忘れられない。

美味しいモモを楽しんだ私たちはホテルに帰り、時計そのままの日本時間の午前〇時に向けてカウントダウンをした。つまり、ネパール時間でいうと午後八時四五分である。ベッドの上で互いに三つ指を立て、「明けましておめでとうございます。今年もどうぞよろしくお願い致します」と日本式のあいさつを交わして二一世紀を迎えた。

ネパールの新年は特に大きなイベントもなく、実に静かなものだ。なぜなら、ネパール暦の新年は西暦の四月中旬。そのときに盛大なお祝いをするからである。日本にいたら、大晦日には年越しそば、除夜の鐘、元旦には甘い小豆ぜんざい、おせち料理、年賀状などを楽しむところだが、ここはネパール。明日からはストライキが始まり、公共交通機関が全面的にストップする。

とにかく歩いて旅するしかない。今夜は早めにしっかり寝て、明日に備えることにした。

こうして常に先の見えない状況が続いているが、なぜか初日のような不安は全くない。日に日にたくましくなっていく自分を頼もしく思いながら、眠りについた。

コラム❸　旅の日記

二〇代の頃、私は全く日記を付けていなかった。まして旅に出ると、次の日の計画を立てたり情報を調べたりすることに追われ、その日の疲れがどっと出る。少しでも早く眠りたいため、旅の日記を書くなど思いもしなかった。

しかし、友人と旅をするようになり、食事後や寝る前のスキマ時間にさらさらと日記を付ける彼女の姿はかっこよく、いつしか私も書くようになっていった。

旅した直後はそんなに読み返すこともなく、それほどの価値も見出さない。ところが、時間が経った今、こうして手に取ると、何物にも代えがたい宝物に思える。なぜなら、記憶の扉を開ける鍵になるからだ。旅の記憶はなぜか自分を勇気づけてくれる。落ち込んだり悩んだりしたときに力をくれる。きっとそれは、旅の中に小さな達成感や満足感があるからなのだろう。

ネパールの旅では、Ａ５判のノートに二〇ページちょっと書いていた。というより、

「これは！」と思ったことしか書けなかったと言った方がよい。日によって、一ページちょっとだったり、五ページも書いていたり、量はまちまちである。だからこそ、自分独自の視点やこだわりが見えて面白い。手書きの日記だったこともあり、字そのものがそのときの心情までも思い起こさせる。大晦日の日記には、弱々しい力のない字で、「ハヌマンの神は真っ赤なおさる。お日様になりたかったから赤いのかなあ」と自分でもわけのわからないことを書いていた。クマリの館で頭を打った衝撃は、どうも脳の中枢まで達していたらしい。

映画『セブン・イヤーズ・イン・チベット』を観てから二〇年以上経って、原作といわれるハインリヒ・ハラーの『チベットの七年』を読んだ。文庫本にして四七〇ページにわたる。彼の書いた日記は、果たしてどのくらいの量だったのだろう。彼の場合、極寒の中を逃亡するときや、紙がなくなってしまったときなど、書けなかった何週間分もの出来事をまとめて書いていたという。そんな状況で、よくあんなに詳しく書けたものだと驚いてしまう。

ただ、私もたった八日間の旅とはいえ、日記と写真を合わせて記憶を辿ると、不思議なほど細々したことを思い出すことができた。おそらく、ハラーも日記と写真を合わせながら記憶を辿るうちに、まるで昨日のことのように数々の出来事が脳裏によみがえってきたであろうと想像できる。

ここで、原作から知った意外な事実を一つ。それは、ハインリヒ・ハラーは生涯独身で、妻も子どももいなかったということ。つまり、妻から送られた離婚届から始まるという映画の設定は脚色だったのである。でも、それによってストーリー展開に奥行きが加わり、観る者の心を揺さぶった。

コロナ禍や家庭の事情により、なかなか旅に出ることのできない今、私は日々の日記を付けている。時には、ちょっぴり脚色してフィクションにしてみるのも面白いかもしれないと密かに考えている。

第四章　水を得た二日間

ストライキは最高！

二一世紀となった一月一日。今日も朝から曇り空。昨夜の突然の雨といい、年末年始は天候がすぐれない。ナガルコット行きは変更して正解だった。

朝食は、近くのレストランでマフィンとオムレット。懐かしい味のマフィンに満足した。とはいえ何か物足りず、いつものベーカリーにも行ってみた。ところが、ここにきて初めての閉店。ベーカリーではなく、他のレストランで食事をする選択をした私たちの勘は冴えていた。とりあえず朝食は済ませられたので、よしとしよう。

交通機関に頼れない今日は、タメル地区から南へ五キロのパタンという旧王宮のあった古都へ行くことにした。とにかくがんばって歩かなければと、覚悟を決めて出発。すると……。

昨日まで通っていた道なのに、何か雰囲気が違う。とても静かで空気もきれい……。それもそのはず、車が一台も走っていないからだ。リクシャーは走っているが、車が通らなければ、クラクションを鳴らす必要もない。これまでの騒々しくて埃っぽいネパールとはさようなら。二人で喜び合った。落ち着いて歩くネパールの町。なんという変化だろう。雨降って地固まるではないけれども、埃がぐっと少ない。道の真ん中には牛がのんびり歩いている。ネパールでは牛は神聖なものとされているため、誰もじゃま者扱いはしない。

パタンに行く途中、国立競技場のような広いグラウンドで、サッカーをする人が見えた。その向こうでは軍事訓練であろうか。太鼓の音に合わせて一列ずつ前進し、九〇度回転を鮮やかに決めている。まるでマーチングバンドのようだ。これはチャンスとばかりにビデオカメラの準備を始めたが、その途端に行進は終わってしまった。残念だったが、今日の目的地はパタン。気を取り直して歩き始める。曇っていた空が少しずつ晴れてきた。

しばらく歩いていると、カトマンズとパタンを隔てているバグマティ河にさしかかった。すごい数の看板で急ににぎやかになる。河川敷では、人々が洗濯をしたり、野菜を売っていたり、庶民の生活が垣間見える。橋を渡り、どこも閉まっている商店街を見ながら坂を上っていった。大きなホテルの前を過ぎ、さらに歩いていくと、大型バスが静かに駐まっている。ストライキのため、バスも休日だ。一体どのくらい歩いたのだろうか。たぶん、スワヤンブナートの二倍以上の道のりはあったと思う。

ようやくパタンの入口に到着し、共通チケット代二〇〇ルピーを払ってゲートをくぐった。

町が美術館

パタンは、一五世紀の終わり頃、マッラ王朝が三つに分裂した時代に首都として栄えた古都の一つ。この町に多く住んでいるネワール族は、彫刻や絵画など芸術面に優れていることから、工芸の町として知られている。

パタンとは、サンスクリット語で「美の都」という意味。実際に訪れてみると、その名の通り、町中が美術品の宝庫であった。まず、家々の扉や窓枠に施された見事な彫刻に目を奪われる。木材そのままの部分が全くないと言ってよいくらいだ。何の絵柄というわけではないが、実に細かい模様がくり返されている。どれだけ時間をかけて彫ったのだろう。おそらく三つの都が互いに競い合うようにして、素晴らしい町並みを造ろうとしたに違いない。なぜなら、ここにあるのは有名な建築物ではなく、普通の民家だからである。いにしえの職人たちの静かな情熱を感じる。早い時間帯だからか人の数はまだ少なく、静かな中で鑑賞しながら歩いた。

　ところが、ダルバール広場へ行く目印となるゴールデン・テンプルがなかなか見つからない。近くにいた少年に尋ねると、静かに静かに私たちを案内してくれた。これまでカトマンズで見てきた元気のいい子どもたちとは対照的だ。その緊張ぶりがとても愛おしく、思わず両手を合わせて「ダンニャバート」とお礼を言った。最後まで、その子の声を聞くことはなかった。

　ゴールデン・テンプルはやはり美しかった。その近くにあるクリシュナ寺院も石造りで見事な彫刻が施されている。寺院の前のガルーダ像が青空に映えていた。ガルーダは伎楽に出てくる迦楼羅《かるら》という鳥人。インドの神話ではヴィシュヌ神から永遠の命を与えられ、乗り物として仕えたという。横顔の美しさが格別だった。二〇〇一年の干支は巳《へび》。いろいろな寺院や像にコブラのような蛇が登場している。ネパールでは、蛇は守り神だという。巳年にちなんで、見つける度に激写した。

タンカ（仏画）の工房も至るところにあったが、どこも休みなのか閉まっていた。その数は限りないだけに、友人はがっかり。そしてついに、祭礼などで使う面の工房が見つかった。のみを使って木を荒削りしている職人がいる。興味があったので、写真を撮ってもよいかと聞くと、嬉しそうにＯＫのサインを出してくれた。

木彫りといえば、私が興味のある伎楽の面。どこかで巡り合えるかと思って期待したが、ここの面はどれも木の色を生かした渋い仕上がりで、伎楽に登場するような極彩色豊かな面はなかった。一体どこにあるのだろうか。

パタンの博物館は、ガイドブックに書かれている通り素晴らしかった。世界の大都市にある小さな美術館に匹敵するといっても過言ではない。ネパールの職人たちの技を結集した工芸品の数々が整然と展示してある。ヒンドゥー文化、チベット文化もコーナーを分けて紹介してあり、観る者にとってわかりやすい構成だ。ネパールの歴史を伝える写真の展示も興味深い。

館内の各コーナーを表示するプレートのデザインや、スペースを十分にとった展示の仕方が洗練されている。これまで訪れた極彩色あふれる観光スポットとは対照的に、シックな色合いで統一された博物館の佇まいはまるで別世界だった。それもそのはず、パタン博物館は、オーストリアの建築家や米国スミソニアン博物館の研究者が、設計や監修に携わっていたのである。

ネパールに西洋人が初めて訪れたのは一六六〇年、オーストリアのイエズス会士だという。その縁あってか、一九六〇～一九七〇年代にオーストリアの建築家や建築史家によって、カトマンズ盆地に残る歴史的な文化財の価値が見出され、保存や保護への動きが始まる。その後、カトマンズ盆地の史跡が次々と改修され、一九九七年に世界文化遺産への登録に至った。その年の秋に開館されたパタン博物館は、まさにカトマンズ盆地の文化芸術の粋を結集したものなのである。

博物館内にあるレストランも雰囲気がよかった。中庭に面して花は咲き乱れ、テーブルには真っ白なクロスがかけられている。椅子の高さもちょうどいい。私たちがこれまで入った中で、最も粋なレストランだ。様々な国の人たちが、それぞれの言葉で同じ空間を楽しんでいる。日本人も多く、久々にたくさんの日本語を耳にする。

隣に七、八人の日本人グループが座られたので、いっしょに話をすることになった。

「昨日、今日のヒマラヤを見るマウンテンフライトはダメだったらしい。たとえ飛行機が飛んだとしてもぐらぐら揺れるだろうから、諦めてパタンに変更したんですよ」

それを聞いて、友人と顔を見合わせてにっこり。やはり延期は正解。改めてヒマラヤを見ることの難しさを実感した。

そんな話をしているうちに、ますます天気はよくなり、太陽の光がまぶしい。このレストランは、出てくる料理のお皿もカップも美しかった。このところ、黄ばんでいたり、欠けていたりする食器が日常となっていたので、新鮮に感じる。あまりに居心地がよいので、二人して紅茶をおかわり。ぽかぽかの陽だまりの中で、互いに日記を書いて過ごした。

日本の若者は今

パタン博物館のレストランを出て、ダルバール広場の寺院を巡る。どれも彫刻が素晴らしく、見応え十分。旧王宮のあるところには、カトマンズもパタンも似たような寺院が建ち並んでいることに気づく。どちらにも、雨と豊穣の女神を祀るマチェンドラナート寺院があった。カトマンズにあるのは、セト（白い）・マチェンドラナート寺院で、パタンにあるのは、ラト（赤い）・マチェンドラナート寺院である。これは、祀ってある御神体の色で名付けられているという。

また、ここではサルの神ハヌマンが次々と見つかった。大きな実を持つハヌマン。皮をむいたバナナを持つハヌマン。赤い着物を着たハヌマン。茶色に塗られたハヌマン。そして、白い壁に色とりどりに描かれた浮き彫りのハヌマンなどである。二人で喜々として発見し、激写した。

その日はだんだんと天気がよくなり、ついに寺院の向こうにヒマラヤの一角が見えた。青空に白く浮かぶ山々は感動的だ。この先も好天が続くことを願った。

今度は、ダルバール広場から離れたところにある寺院も巡ることにした。金色が美しく輝くゴールデン・テンプルは圧巻だった。午前に見たときと違い、太陽の日差しが本当の美しさを引き出している。その輝きに思わず見とれ、立ち尽くしていた。

するとそのとき、「よく会いますね」と声をかけられた。日本人の青年だ。初めピンと来なくて怪訝そうな顔をしていたら、「スワヤンブナートで写真を撮ろうとされていたとき、よけた者ですけど……」と自信なさそうに説明し始めた。幸い友人がよく覚えており、ほっとした様子。そこで、いっしょに奥の中庭に入り、休憩を兼ねて三人で話をすることになった。

大学生かと思ったら、就職浪人中だという。

「今のうちに海外のいろんなところに行っておこうと思って、バイトしては旅行しています」

　これまで、バリ島、タイ、インドなどアジアを中心に旅をしているらしい。一二月二八日にネパールに着いたとき、ストライキの影響で宿を探すのに苦労したそうだ。

「もしかして、インド人俳優の差別発言の暴動？」

「えっ、そうなんですか」

「そうそう、ネパール人は嫌いだっていう発言がもとで、暴動になったって聞いたよ」

　と、得意になって話す私たち。確かに、旅行中はテレビや新聞を見ないことが多い。私たちも、タクシーの運転手から辛うじて聞き出したくらいだ。

「それは大変だったね。で、宿は無事見つかったの？」と聞くと、最終的に一五ルピーの宿が見つかってラッキーだったと嬉しそうに話す。

「男の人はいいよね、安宿でも怖くないから」と私たち。これは、いつも感じていることだ。

その他、いろいろな旅先の話を聞く。特にバリ島のケチャやガムランといった音楽についての話で盛り上がった。また、バリ島はインドやネパールとは全く違い、落ち着いた佇まいだという。地上の楽園バリ、一度は行ってみたいものだ。

ひと通り話を聞いた後、「その自由がうらやましいよ」と友人。「ぼくからしたら、就職されていてうらやましいですよ」と彼。お互い、無い物ねだりだ。

確かに、今の若者たちは就職難で大変だ。きっと彼のようなバックパッカーも多いのだろう。今の自由を武器に、うんと視野を広げてがんばれとエールを送った。もう若くない私たちより。

ストライキのおかげで、パタンは静かで美しい町という印象になった。しかし、パタンからの帰り道は、とても長く感じた。歩いても、歩いても、ホテルまでは遠い。夕方になると、疲れた私たちをねぎらうように、ヒマラヤの山々の一角がきれいに輝いて見えた。

その夜、なぜか急に日本のラーメンが食べたくなった私たちは、日本食レストランに行った。ラーメンも美味しかったが、メニューにお汁粉があった。お正月気分を味わうため、迷わず注文した。小豆の甘さが、疲れた体に沁み渡る。店内のテレビでは、日本の番組が流れていた。よく見ると、ネパールを舞台にした映画『キャラバン』の特集だ。最近、雑誌などで取り上げられている話題の映画である。見始めたらあまりに面白く、結局最後まで見てしまった。


番組の終盤、リポーター自身もヒマラヤが見たくてポカラというところに滞在していたが、深い霧で全く見ることができず、帰国前にもう一度訪れたものの、かすかに頂上付近が見えただけで残念だったと話していた。

やはり、見えそうで見えないヒマラヤ。だからこそ、見えたときの感激はひとしおなのだろう。それだけに崇高なものとして、人々は崇めるのだ。改めてヒマラヤへの期待が高まった。

コラム④ 映画『キャラバン』

ヒマラヤの奥深い村ドルポ。そこに生きる人々は、遠い昔からキャラバンという交易で塩を小麦に換えて暮らしてきた。そのキャラバンの先頭にずっと立ち続けた長老ティンレは、自分の後継になるはずだった息子をキャラバンで亡くす。失意の中、息子の亡骸を運んで帰ってきた若きカリスマのカルマが後継になるのがどうしても許せないでいた。そんなある日、カルマが神託の吉日を待たずにキャラバンへ出発した。それを知ったティンレは、勝手は許さないと老骨にむち打って、次男のノルブ、孫のパサンを連れて後を追う。厳しい自然の中、二つのキャラバンが対立しながら山の向こうをめざす……。

この映画は約九〇分。俳優をほとんど使わず、現地の人々を起用したリアリティの高い作品である。監督はエリック・ヴァリ（仏）。写真家で作家でもある彼は、この映画のロケ地・ドルポ地方を旅した際にすっかり魅せられ、一九八三年からその地に住む。

そして、ネパールに関する執筆活動が評価され、ネパール国王からの表彰も受けている。さらに彼は、私たちが影響を受けた映画『セブン・イヤーズ・イン・チベット』のユニット・ディレクターも務めていた。

『キャラバン』は国際的な映画賞を次々と獲得したことから、初めは東京のみだったが、二〇〇一年に入ると地方でも公開されていった。それによって、私も映画館で観ることができた。


この作品を観た中で、心に残った場面がある。年老いた父がキャラバンに同行してほしいと頼んだノルブが、一度は断ったが考え直し、ついに同行を決意する場面だ。ノルブは八歳のときからラマ僧になる修行に励んでおり、山のことなど何も知らない。ティンレは、どうして自分といっしょにキャラバンに行くことにしたのかとノルブに尋ねる。すると、「何か迷ったときには、最も困難だと思われる道を選びなさい」と師に教えられたからだと答えた。

難しいことや面倒なことから逃げることなく、敢えて険しい道を選ぶという生き方。

険しいヒマラヤ山脈をヤクとともに歩いて越えるキャラバンの旅は、まさに困難な道を凝縮したような世界である。厳しい自然とそれに立ち向かう人間の志の美しさが崇高に描かれていた。

その美しさは音楽によってさらに昇華される。マントラといわれるラマ僧の地に響くような読経の声と、地中海・コルシカ島のコーラスグループの透明感あふれる歌声。東洋と西洋の対照的な祈りの声である。この意外な組み合わせが、不思議なほど自然に映像と重なり、私の心に浸透していった。

たった七名の観客だったが、終わった後には大きな拍手がわき起こった。ネパールを旅した直後に観たこともあり、しばらく涙が止まらなかった。

遠い絶景スポットめざして

さて、ストライキ二日目の一月二日。この日は、それぞれの目的にしたがって、別々に旅をすることにした。二人でいっしょにいると、いつの間にか互いにストレスが溜まるもの。だから、私たちはこれまでにもこういう日を設けてきた。二人旅を気持ちよく続けるコツではないかと思っている。

友人は、パシュパティナート寺院へ行き、ぜひ『死者の火葬』を見たいという。

私はガイドブックの片隅に紹介されているキルティプルという町へ行くことにした。ヒマラヤの白い峰々をバックにしたカトマンズ盆地の眺めが素晴らしいスポットがあるからだ。地図を見ると、ホテルから歩いて少なくとも二時間半はかかりそうだ。どんな道なのかわからないので、もしかするとそれ以上かかるかもしれない。

行く途中に通るダルバール広場で、バザールを開いている人にキルティプルのことを聞いてみることにした。興味のある木彫りの面を売っているところで、日本語の上手な人が見つかった。

「キルティプル？　遠いよ。ストが終わってから行った方がいい」

「でも、今日行きたいところがない。キルティプルはいいところ？」

「ああ、とてもいい。眺めがきれいだ。歩くのに自信があればＯＫだ。それに今日はここでストライキの集会があって危険だから、昼からは店もたたむよ。だから、この近くにはいない方がいい」

　賃上げ交渉がうまくいかないと、時には暴動が起こるという。カトマンズ市街地を離れるという意味でも、やはり思い切ってキルティプルをめざすことにした。守り神として高僧の面を買った。高僧という割には、どこか親しみやすい表情をしているところが気に入った。軽い木でできたその面をリュックサックに入れ、いざ出発。今日は一人、自分の身は自分で守る。もう一度心に誓った。

ダルバール広場から、カリマティという交差点をめざす。しかし、迷路のような道なので心配になり、曲がる先々で出会った人に「カリマティはこっち？　あっち？」と通りを指さして尋ね、確かめながら歩いた。小さな川を渡ってからは川沿いの道になり、迷うことはなくなった。しかし、目的としていたカリマティに着くと、そこは大きな交差点。どう進んでよいかわからず、すっかり面食らう。ひたすらいろんな人に尋ねながら歩き、やっとまっすぐな一本道に出た。

次はリングロードという大通りをめざす。アスファルトの広々とした道がしばらく続く。カトマンズ市街地の細くて土や泥にまみれる道とは大違い。ストライキのおかげで歩行者天国状態だ。仕事が休みなのか、人々は楽しそうに外でおしゃべりしたり、遊んだりしている。また、ひなたぼっこを楽しむ姿もある。そんな中を歩いていると、あちこちから「ハロー」と声をかけられる。この辺りを日本人が歩くのは珍しいのか、ものすごい歓迎ムードだ。私も負けずに、両手を合わせて「ナマステ」と丁寧にあいさつする。子どもも大人も実に人懐っこくて屈託がない。

最もよく見かけた遊びは、スワヤンブナートで出会った兄弟がしていた蹴鞠のような遊び。ゴム紐を束ねて丸くしたものを一人で連続して蹴るか、何人かでパスし合って蹴るかのどちらかだ。何という遊びか聞いてみると『チュンギ』と言っていた。ネパールで大人気の遊びのようで、少年少女から青年までやっていた。韓国にも同じような遊びがあるが、元はどっちなのだろう。大人の男たちは、ビリヤードのような四隅に穴の開いたボードの中でおはじきみたいな駒を使う『カロムボード』というゲームに興じている。女たちは座って、子どもの遊ぶ様子を嬉しそうに眺めている。子どもたちは、チュンギの他に、バドミントン、サッカー、大縄跳び、ゴム跳びなど、日本と同じような遊びをしていた。

そういえば私が子どもの頃も、近所で集まってバドミントンをしたり、夏休みには夕涼み台を出して子どもはスイカ、大人はビールを楽しんだりしていた。大人も子どもものんびりおしゃべりしたり遊んだりする時間があった。

ネパールにいると、日本がいかに便利で恵まれた環境であるかを実感する一方で、自分たちが失ってしまったものにも気づかされる。隣近所の横のつながり、年の違う子ども同士の縦のつながり。これらはきっと、ネパールの人たちにとっては当たり前のことで、よさなどとは思っていない。日本の方がどんなにか憧れる夢のような暮らしに見えるだろう。でも、今ここで見ているありふれた日常こそ、失って初めてありがたさに気づくものなのだ。

ネパールの人々のうらやましい休日を目の当たりにしながら、休むことなく元気に歩き続けた。

大学のキャンパスで

　無事、リングロードにさしかかった。この道で間違いないと安心して横断し、さらに一本道を進んでいく。間もなく、ネパールで唯一の国立大学、トリブバン大学があるはずだ。

　二〇〇〇年当時のネパールの教育制度では、小学校が一～五年生、中学校が六～八年生、高等学校が九、一〇年生となっている。したがって、外国の大学に行くには一二年間の学歴が必要なため、トリブバン大学に二年間在籍してから留学するのだという。

　キルティプルまであと少しのところに、トリブバン大学の門が見えてきた。近くにいた警備員らしき人に聞いてみると、キャンパス内の道を通り抜けてもよいと言われたので、大学の敷地内に足を踏み入れてみることにした。広いアスファルトの道の両側には並木があり、いかにも大学のキャンパスといった雰囲気が漂っている。

しばらく歩いていると、優しそうな青年が英語で話しかけてきた。

「どこから来たのですか」「日本」と答えると、あっという間に会話が弾んだ。

彼はネパールとインドの国境の町、ネパールガンジの出身。カトマンズから遠く離れた南西部のタライ平原にあり、カトマンズまで飛行機なら約一時間だが、バスだと約一三時間もかかる。大学を卒業して高校の数学教師を二年間したが辞め、今はコンピュータ学院に通っている。できればいつか日本に行って、コンピュータを勉強したいというのが彼の夢。ちょうど今、そのコンピュータ学院に行くところだとわかり、キルティプルまでいっしょに歩くことになった。

青年の名前はサンジーブ。今度は彼が私の職業を尋ねてきた。「小学校の先生」と答えると、すぐさま「日本の小学生はコンピュータで勉強している？」と質問してきた。「もちろん。うちの学校には二〇台のパソコンがある」と伝えると、「さすが日本！」といった驚きの表情を浮かべた。

私が音楽に興味があるという話から、例のサーランギーという楽器の落札事件を思い出した。一般的にサーランギーはどのくらいの値段なのか聞いてみた。すると五〇〇〇ルピーくらいはするという。確かに楽器店でも彫刻入りは四五〇〇ルピーだった。だとすると、彫刻なしで手作りのサーランギー二六〇〇ルピーは、ちょうどよい値段だったのではないかと安心した。

お互い母国語でない英語を介してのコミュニケーションは、程よくレベルが合ってよいものだ。そうして会話を続けているうちに、小高い丘の上に町並みが見えてきた。

坂道を上っていくと大きな曲がり角があり、その角から数件目の建物がコンピュータ学院。名残惜しかったが、道案内のお礼を言って別れた。そして彼は、普通の民家と変わらない扉に入っていった。

キルティプルに到着

閉まっている店は多いものの、ニューバザールと呼ばれる通りは商店街。ぽかぽか陽気の中、大人も子どもも外でのんびりと休日を楽しんでいる。すると、小学生くらいの子どもたちが駆け寄ってきて、「ハロー！　ハロー！」と話しかけてくる。カメラを向けると、さらに集まってきた。「アイム・ジャパニーズ。コンニチワ！」と日本語であいさつするが、すっかりのぼせてしまった子どもたちは聞く耳を持たず、「ハロー！」しか言わない。諦めて、「ナマステ」と言って合掌した。カメラを向けるといっそう興奮して嬉しそうだ。やはり、日本人が珍しいのだろうか。

私は、眺めのよい高い場所にあるウマ・マヘシュワール寺院に行くのが目的だったので、その子たちと別れ、さらに坂を上っていった。観光地と異なり、何の案内板も出ていない。道行く人にその寺院はどこかと尋ねると、全く反対方向だとわかり、来た道を引き返した。友人がいないと、いつもこうなる。すると、さっき握手した子どもたちが、かわいい声で歌を歌い踊っているではないか。予想外の光景に、嬉しくなって走って戻った。

歌い踊る子どもたちのところに駆け付けると、「あっ、さっきの人だ」という反応を見せて近くに寄って来た。「ビデオ、ＯＫ？」と聞きながらビデオを用意し始めると、近くにいたおじさんが理解して、その子たちに「どんどん歌を歌ってあげなさい」とでも言ったのだろう。ビデオの前で、次から次へと遊び歌を披露する。一五人くらいの子どもが、かわいらしい踊りをしながら、しっかりした声で歌っている。一曲終わると、誰からともなく、次の歌へと続いていく。まさにメドレーだ。どの子もみな全身で活き活きと表現している。中には、「クマリ、クマリ」という歌詞の入った歌もあり、一瞬あの頭の痛みがよみがえる。そんな姿を見ていると、この国の子どもたちには音楽の授業なんて必要ないと思ってしまう。実に素直な発声と抜群のリズム感！　実際、ネパールの学校の必修教科に音楽はない。

今の日本で、子どもたちにこのような場面がやってきたらどうするだろうか。おそらく、歌わないか、何を歌ったらよいか決まらない、そのどちらかだろう。ここの子どもたちは、テレビやゲームに浸っていないからこそ、こうして古くから伝わるわらべ歌や遊び歌に道端で興じているのだ。

私が持っているビデオカメラのモニターを珍しそうに見にきては興奮し、また戻って歌い踊る子どもたち。慣れてくると、今度はビデオカメラに触り始めた。困っていると、例のおじさんが叱り付けてくださった。幸い、子どもたちはすぐに言うことを聞いて歌に戻り、ほっとした。こういう存在があるのも、古きよき日本という感じである。

ようやく歌と踊りが終わり、撮影を終えて顔を上げると、知らないうちにたくさんの人が集まって、三〇人くらいのギャラリーができていた。急に恥ずかしくなり、赤面してしまった。

歌と踊りのお礼に、リュックサックに詰めていたクラッカーを配ることを思い付いた。ところが人数に見合うだけの枚数に足りない。そこで、半分に割って配ることにした。「一つだけだよ」と言いながら一人一人に手渡すが、次々と同じ手が出てくる。我も我もとお菓子を取り合う光景は、日本の子どもたちと何ら変わらない。一人一枚と言ったけれど、二枚、三枚取った子どもがいるようで、持っていたクラッカーはすべてなくなった。全部なくなると、嵐が止んだように静かになった。みんなにこにこしながら食べている。美味しそうな顔、顔、顔。

子どもも大人も無邪気な町

子どもたちに「学校は好き？」と聞くと、「大好き！」というような「イエス」が返ってきた。日本の子どもたちなら、おそらくイエスとノーに分かれるだろう。いや、ノーが多いのかもしれない。ネパールでは学校に行きたくても行くことが許されず、家の仕事を手伝う子どもが多いという。また、小学校に入学しても、途中で止めざるを得ない家もたくさんあるらしい。だから、学校に通えること自体が何より嬉しいことなのだ。

そういえば、カトマンズのあちこちで、制服を着たまま遊んでいる子どもを見かけた。プリーツスカートにVネックのセーター。女の子は長い髪を一つや二つに結んで、白い大きなリボンを付けている。まるでその姿がステイタスといった感じで、誇らしげに見えた。

その一方で、家族のお下がりの大きな服を着て泥だらけになって遊んでいる子ども、観光地で「プリーズ・サム・マネー」と言って働いている子どももいる。ついつい複雑な気持ちになってしまう。でも、ここキルティプルの子どもたちは、みんな同じ仲間という感じだ。

さて、歌い踊る子どもを手なずけていたおじさんが「ウエルカム・ティーを淹れてあげるよ」と言って、道路に面した店の机と椅子があるところに案内してくれた。さっきのコンピュータ学院の隣である。普通の民家の土間に、なぜ机と椅子が置いてあるのかと思っていたら、そこはなんと『キルティプル・コーヒーショップ』だという。あまりに殺風景な喫茶店だ。

さっきのおじさん以外にも、集まってきた大人たちがいろいろと話しかけてくる。一人は今、日本語を勉強していると言って、「イチ、ニー、サン……」と数を数えたり、「オハヨウゴザイマス」「アリガトウ」などのあいさつを披露したりした。別の人は、ハイスクールの教師で国語（ネパール語）を教えているという。私が小学校の教師だと話すと嬉しそうだった。

話しているうちに、みんなが私の持っているネパールのガイドブックに興味を示した。一ページにも満たない小さなキルティプル紹介の記事と写真を見て、みんな大喜び。

「ほら、キルティプルが出ているぞ」「どれどれ？」「本当だ！」とでも言うように、次々と回していきながら見る姿が実に無邪気でかわいらしい。こちらも思わず笑顔になった。

ようやく、一杯の熱々のチャイが出てきた。他のどんなところで飲んだチャイよりもコクがあって美味しかった。砂糖入りなので、歩いてきた疲れが癒やされる。チャイを飲み終えるのを待っていたかのように、「この町を案内するよ」と、集まったみんなで出発することになった。こんな歓迎を受けてもよいのだろうかと思うくらいの熱いもてなしに、この町の人々の友好精神をひしひしと感じた。

パーソナル観光ツアー

こうして、私一人のための観光案内が始まった。

まず、目的とは違うバグ・バイラブ寺院へ案内された。一一二六年に建てられたキルティプル最古の寺院である。ヒンドゥー教のシヴァ神の化身バイラブが祀られており、キルティプルの守り神だという。ここからの眺めも素晴らしく、カトマンズの町がきれいに見えた。この寺院には珍しく鏡があった。これまで見た寺院では見かけなかったので驚いた。なぜ鏡があるのか聞けばよかったのだが、その場では思い付かなかった。残念である。また、ブラフマー、シヴァ、ヴィシュヌという三つの神様に囲まれて出産する女神ガンガーの像があった。安産を願う像には、祈りの際に付ける赤い染料が、幾重にも塗り重ねられていた。東側頂上のストゥーパには、インドの神と仏陀とが交互に祀ってあり、まさにヒンドゥー教と仏教が半々。ネパールならではの宗教観が垣間見えた。

ヒンドゥー教では、額に赤い染料を付ける習慣があるが、ここで私も初めて付けてもらった。ティカといって「幸せが訪れますように」「安全に過ごせますように」などの意味が込められている印である。「きみもこれでネパリー（ネパール人）だ」と言って、みんなが喜んで見ていた。

案内していただく中で、四〇歳くらいのおじさんだと思っていた人は、実は二六歳ということがわかった。向こうは逆に私の年齢を明かすと、「もっと若いと思っていた」と言う。全体的にネパールの人は実際の年齢よりも老けて見える。生活する上で苦労が多いからだろうか。

一方、日本人は若いというより、幼く見える大人が多い。私も含めて、日常生活に苦労していない世代だからなのだろうか。戦争や大地震などを体験した自分の親には、「今は何の苦労もないけれど、いつか必ず大きな苦労がやってくる」と、幼い頃からずっと言われて育ったが、未だに大きな災いなど経験していない。それはありがたいことだが、自分にとっては負い目にもなっている。恵まれていることによって、大切な何かを失っているような気がしてしまうのだ。

次にお兄さんたち（二六歳とわかったため）が連れていってくれたのは、町のカーペット工場。白い鉄筋コンクリート四階建ての立派な建物だ。重厚な扉を開けるとすぐ工房で、大きなカーペットが天井から吊り下げられていた。横糸をくぐらせてはハンマーでたたいて詰め、織り上げていく。かなり厚手のカーペットなので相当な重量がありそうだ。したがって、ハンマーでたたくのにも結構な力が要る。二、三人で八日間かけて一枚のカーペットを仕上げるという。従業員はざっと一〇〇人くらいで、年齢は一〇代から五〇代くらいまで様々だ。ほとんどが女性だったが、男性もところどころに配置されていた。休日を楽しんでいる人々が多い中で、ここではいつもと変わらぬ仕事ぶり。みんな一生懸命に働いている。そして誰もが、見知らぬ私を笑顔で歓迎してくれた。

このカーペットは主にドイツに輸出するという。ネパールとドイツというつながりは意外に思えたが、コンビニでもドイツ製のポテトチップスを見かけた。きっと他にもいろいろなものを輸出入していることだろう。

ちなみに、ドイツ製のポテトチップスは一八〇ルピー、ネパール製は二〇ルピー。輸入したものは約一〇倍のプレミアものだ。私の口には、断然ドイツ製の方が好みの味だった。ミネラルウォーターもネパール製は一二ルピー、外国のメジャーなものは一二六ルピー。こちらは勇気を出してネパール製を飲んでみたところ、お腹を壊さなかったので、それ以来一二ルピーの水で過ごしている。

そして別れの時

ついに念願の絶景スポット、ウマ・マヘシュワール寺院に着いた。高台にあるため、三六〇度ぐるりと眺めることができる。

まず、カトマンズ市街地の方を見た。手前は家々がまばらで農耕地が広がっているが、予想以上に遥か遠くに見えるカトマンズ市街地は驚くほど建物が密集している。あんなところからここまで歩いてきたのだと思うと、我ながら驚いた。

左側に見える緩やかな山の中腹に何か白いものが見えた。いや、あれは山の手前の丘、スワヤンブナートのストゥーパだ！　ここから見えるとは驚いた。三日前にあれだけ大変な思いをして上った丘を、今は遠くから見下ろしている。さらに右側の方に目をやると、先ほど通り抜けてきたトリブバン大学のキャンパスが見えた。長い並木道、時計台のような部分のある横長の校舎ですぐにわかる。スワヤンブナートや大学を見つけて大喜びする私を、みんなが嬉しそうに見ていた。

親切な人たちといっしょに寺院の石段に座って休憩する。

「これはネパールで最も美しい寺院。愛の寺院とも呼ばれている」と教えられた。確かにシヴァ神とその妃パールヴァティーの像がペアになって飾られている。パールヴァティーの腰がしなった優雅な体のラインは、いつ見ても心癒やされる。きっとキルティプルの人たちも大好きな寺院なのだろう。ただ残念だったのは、背後に見えるはずのヒマラヤの白い山々が見えなかったこと。あいにく、遠くの山際に厚い雲がかかっており、またしてもヒマラヤには縁がなかったのである。

寺院を後にし、みんなで下り道を歩いた。町を案内してもらう途中で出会う人たちはみんな温かく、カメラを向けると笑顔で応じてくれる。わらで縄を編んでいるおばあさんたち。家を建てるための石を運んでいる一家。木でベッドを作っているおじさん。自分の家族で使うものは自分たちで作るという自給自足の生活が見える。子どもたちは、ビー玉で遊んでいたり、ゴム跳びをしたり、古き日本の風景のようだ。

ふと時計を見ると、もう午後二時近くになっていた。ウエルカム・ティーをいただいたコーヒーショップに戻ると、今度はアフタヌーン・ティーを淹れてくれた。一杯のチャイが空腹を満たす。チャイを飲み終え、そろそろ帰途につかなくてはならない時刻になった。

いっしょに観光案内をしてくれた人たちから、「送ろうか」「またおいでよ」などと言われ、本当に嬉しかった。どこまでも親切な人たち。でも、丁寧に断って出発した。なぜって、途中まで送られたら余計に別れが辛くなりそうだったから。そして、明日もあさってもすでに予定が詰まっている私には、今日のような自由な一日はもうない。こんなに無垢で純真な人たちに、また来るなどという安易な約束はできないと思ったからだ。

キルティプルの人たち、本当にありがとう。見えなくなるまで大きく手を振りながら歩いた。別れを惜しんで走ってくる子どももいて、胸にぐっときてしまう。角を曲がると見えなくなった。寂しさを封じ込めて向きを変え、遠いカトマンズへ向かって歩き始めた。

トイレが結んだ縁

キルティプルを後にして、下り道を清々しい気持ちで歩いた。快晴で、軽く汗が出るくらいの暖かさだ。ヤギが道路をのんびり歩いている。

ところが途中でトイレに行きたくなってきた。それもそのはず、朝出発してから全く行っていない。さっき、案内してもらっているときに行くべきだったと後悔する。どこかに店や公共施設があるだろうと思ったが、全然見つからない。ひたすら田園風景が広がるばかり。困っていると、やっと民家が見えてきた。三人のおばあさんが畑仕事をしているので、近づいて英語で話しかけるが全く通じない。諦めて、近くの家に直接行ってお願いすることにした。

コンコンとノックすると、小学校高学年くらいの男の子が出てきた。幸い英語が通じたのだが、私のような得体の知れない旅人を家に入れてよいかどうか困っている。私が同じ場面に出くわしたとしても同じだ。すると、運よくそこにお母さんが帰ってきた。事情を話すと、すぐに「どうぞ、どうぞ、こちらです。あまりきれいじゃないけれど」と流暢な英語で案内してくださった。

その家のトイレは土間の続きにあり、セメントのような石造りで、日本のひと昔前の和式トイレにそっくりだった。一段上がるようになっている。そして、使い終わったら小さなバケツに水を入れて流すのだと教えてくださった。セメントの床は水で濡れていたが、きちんと掃除がなされている証拠に見えて安心した。

トイレから出ると、「よかったら、どうぞ部屋へお上がりください」と、応接間に通してくださった。ソファが置いてある部屋で、しばらく話をすることになった。壁には、ご主人の写真が載った表彰状がいくつか飾ってある。そこには、日本との意外な接点があった。

なんとそのご主人は、国際協力を促進する仕事の関係で日本に行ったことがあるという。だからこそ、奥様は私のような通りすがりの者に、こんなにも親切にしてくださるのだ。きっと、日本を身近に感じているのだろう。奥様の仕事を尋ねてみると、タメル地区のダルバーグ・マルグというオフィス街で働いているという。今日はストライキだから、徒歩で帰宅というわけだ。「暑くてとても大変だった」と話していた。

しばらく、私が今どこに滞在し、どんなところを観光したのかなどを話した後、息子さんといっしょの写真を撮らせてもらった。すると、ぜひ送ってほしいと言って、職場の名刺を渡された。ネパールは、民家よりもオフィスなどの方が確実に郵便物を届けてもらえるという。

確かにネパールにいると不便なことが多い。年末の夜には、ホテルの部屋で何度か停電があった。入浴中にバチンと灯りが消えたときは、さすがに不安になった。壁越しに友人としゃべって気を紛らわせるしかなかった。日本のようにあらゆる仕組みが整っていること自体、素晴らしいことなのだ。

別れるとき、いつまでも二人が手を振ってくれた。そしてまた、あったかいネパールの日差しを浴びながら、来た道を歩いた。途中、トリブバン大学の門に出るはずが、SECONDERY HIGH SCHOOLに出てびっくり。少し遠回りになってしまったようだが、これはいつものこと。なんとか大学の門に辿り着いた。そこからまた、ひたすら一本道を歩いた。

またしても熱烈歓迎！

キルティプルに向かうときに出会った人たちが、帰り道でも次々と手を振ってくる。確かに他の日本人には全く出会わず、欧米人二人がリクシャーに乗っている姿を見かけたくらい。だから、覚えられるのは当然なのかもしれない。気をよくして元気に歩いていたが、冬とは思えないあまりの暑さに疲れ、日陰に座ってミネラルウォーターを飲んでいた。

するとそこに、まるで若草物語に出てくるお嬢様のような服を着た若い女性が駆け寄ってきて、「どこから来たの？　いつ来たの？　初めてのネパール？……」と弾丸のように話しかけてきた。そして、「私の家はすぐそこ」と上の方を指さした。「あれがお姉さん、お母さん。お茶を飲みに来て。私、日本の人とお友だちになりたいの」と積極的に誘ってくる。「でも、時間がないので……」と言うと、「五分でいいから」とたたみかけてくる。道に面した大きな家。行き来する人もよく見える。結局、「ちょっとだけなら」と応えて、いっしょに階段を上っていった。そこにはきれいな庭が広がり、窓から見えるお母さんとお姉さんも優しそうな感じだ。涼しい風がよく通る庭に面した部屋で、お茶をいただくことになった。

「ここから外を見ていたら、あなたが休憩しているのが見えたので、友だちになりたいって思って駆け下りたの」と、目をくりくりさせて話す彼女は、とても美しいネパリーだ。なのに、「日本人はとってもきれいな顔でうらやましい」と言う。「ネパリーも美しい」と返すと「全然そうは思わない」と、ころころ笑いながら話す。屈託のない明るさがとてもチャーミングだ。ここでもチャイが出てきた。甘くて美味しいチャイが、花柄のカップで出された。かなり裕福な家庭なのだろう。

一方、お姉さんはやや控えめな感じだ。でも、話しているうちに、「ちょっと待ってて」と言って部屋を出ていった。待つ間、壁に貼ってあるネパール暦のカレンダーに気づく。ネパール暦は、年号も月日も西暦とはかなり異なっている。やはり、スワヤンブナートに行った日は、ネパール暦では一五日であった。だから、夜にプジャという礼拝があったのだろう。謎が解けた気がして嬉しかった。

お姉さんは、英語がいっぱい書いてあるノートを私に見せてくれた。「あなたが勉強しているの？」と聞くと、「小さい子どもに教えている」と言う。「先生？」「そう」「私も！」とお互いに教師だとわかり、笑顔が弾けた。ネパールの学校も三学期制で、ちょうど今は二学期が終わったところだという。

その後、妹から「また来て。明日はどう？」などと誘われたが、曖昧な返事は期待を持たせてしまうので、「予定が入っているから来られない。ごめんなさい」と伝え、そろそろ失礼することにした。

ここでも家族の写真を撮り、後で送るために住所を書いてもらった。楽しいひとときに、心から感謝して別れた。またしても、見えなくなるまで手を振った。温かいネパリーたちとの出会いで、充実したキルティプルへの一人旅となった。

ダルバール広場で発見

キルティプルから長い道のりを歩き、静かなダルバール広場に無事帰ってきた。

「そうだ！　行くときにいろいろとアドバイスをいただいたお面売りのおじさんに報告しよう」と、キョロキョロ周りを探した。すると、向こうの方から「ハーイ！」と声をかけてくれた。

「キルティプル、すごくよかったです」

「それはよかった」

「みんながとっても親切でした。ところで、ストライキはどうでしたか」

「明日もストだよ。もっと厳しいよ。タイヤの付いた乗り物が動いたら、火をつけられる！」

一月三日もストライキなんてあんまりだ。ビラの落ちている広場がそれを物語っている。でも、暴動が起こるほどではなかったから、こうしてまたバザールが開けたという。

ため息をつきながら帰ろうとすると、その瞬間、あるものが目に飛び込んできた。

「あった！　迦楼羅の面！」

バザールにも工房にもなくて探していた伎楽の面が、こんなところにあったのだ。もちろん、ここにあるのは本物の伎楽面ではなく、飾り用の小さなもの。なんとも滑稽な顔の迦楼羅だが、ついに見つかった。今日はどこまでも幸運が続く。

ホテルに帰る前にＣＤショップにも立ち寄った。とても狭いスペースだが、お店の方が親切にヘッドホンでいろいろと聴かせてくれる。サーランギーの音楽で伝統的なものがほしいと伝えると、さっと一枚取り出して聴かせてくれた。サーランギーの他、太鼓も笛も歌も入っているベスト盤だったので購入することにした。隣にいるネパリーは、映画のサントラ盤を買っている。

そこで思い付いたのが、映画『キャラバン』のサントラ盤。現地のネパールで買って帰るなんて最高だ！　映画『キャラバン』の人気は高く、サントラ盤のＣＤはずらりと並んでいた。こちらではすでに一年前に公開されている。ネパールでは、ＣＤ一枚五五〇ルピー。日本円にして約八〇〇円。ラッキーな買い物となった。

　ホテルに帰ると、友人はまだいなかった。今日あった出来事を思い出しながら、一人静かに日記を書いて過ごした。おかげで五ページも書くことができた。友人が帰ってからは、お互いに『今日の一人旅』の情報交換。二人とも満足感に浸りながら眠った。

コラム⑤ 幻の天平芸能『伎楽』

私が初めて伎楽を知ったのは、ネパールに行く二年前。小学生が興味をもって追体験できる日本の伝統的な音楽を探していたときだ。歌舞伎や能、狂言などよりも、もっと古い時代の芸能はないのだろうか。すると、ある大学の先生から、聖徳太子の時代に大陸から伝わった伎楽はもともと子どもたちに習わせたものだから、調べてみてはどうかと助言をいただいた。

伎楽は推古天皇の時代六一二年、奈良の桜井に少年を集め、味《み》摩《ま》之《し》という渡来人によって伝えられた大陸音楽である。仮面を被り、装束をまとい、音楽に合わせてパントマイムで演じる仮面音楽劇。呉公・呉女・崑崙《こんろん》・師子《しし》・迦楼羅・婆羅門《ばらもん》・金剛・力士・酔《すい》胡《こ》王《おう》など個性あふれる登場人物は、シルクロードを経て西アジア・インド・中国・韓国、そして日本へ伝播し、今でも各地の神話や伝説で語り継がれているものが多い。日本各地の獅子舞も、この伎楽の師子がルーツであるといわれる。

さらに驚いたことに、七五二年、東大寺の大仏開眼供養会で伎楽は上演され、そのとき使われた装束や面は今も正倉院に残っている。装束や面の裏には、日付や列の順などが書いてあるという。奈良時代、あの大仏の前でアジア各国から渡来してきた僧侶や楽人たちといっしょに繰り広げた祭典。しかも、様々な舞楽が演じられる中、滑稽なストーリーを持つ伎楽は人気があったという。こんなにも歴史のロマンを感じさせる芸能はない。しかし、国風文化の隆興とともにいつしか消え去っていった。

一九八〇年（昭和五五年）、大修理の終わった東大寺大仏殿の落慶法要で伎楽が再演されることになる。しかし、面や装束、楽器は遺物を参考にして復元できるが、音楽や動きはわからない。「幻の芸能」といわれる所以だ。にもかかわらず、わずかな記録をもとに研究者や職人の力を結集して伎楽は復興され、奈良にある大学の学生たちによって初演された。

今では、小学六年社会科の教科書や資料集に、正倉院の宝物として伎楽面の写真が載っている。また、毎年秋に開催される正倉院展にも、伎楽に関するものが登場している。しかし、私が調べた頃はまだ資料が出回っていなかったため、初演に関わった大学に出向いて教えていただいた。

そのおかげで、在職中に二回、六年生の児童とともに伎楽を追体験することができた。映像資料を基に、図工が得意な先生の絶大なる協力を得て面や装束を作り、リコーダーと打楽器で音楽を模し、見よう見まねのパントマイムで演じる子どもたち。奈良時代にタイムスリップした気分を味わった。修学旅行で東大寺を訪ねる度、この広場で東アジアの祭典が繰り広げられていたのだなあと感慨に耽る。一人でも多くの方に知ってほしい芸能の一つである。

第五章　ヒマラヤの空に祈る

命がけのチャレンジ

一月三日は、友人の強い願いにより、マウンテンフライトと呼ばれる遊覧飛行を体験することになった。それは一五人乗りの小型飛行機で、ヒマラヤ上空を約一時間かけて旋回するものだ。旅行代理店の社長さんに、ぜひとも体験してほしいと勧められたという。しかし、小型飛行機の安全性はいかに……。もしもここで命を落とすようなことがあったらと家族の顔が浮かぶ。かといって、友人だけ参加させて、もしものことがあっても余計につらい。それならいっそのこと、一抹の不安はあるが、覚悟を決めていっしょにチャレンジすることにした。

朝七時過ぎ、予定通りタクシーがやって来た。昨日、お面売りのおじさんから聞いた話とは違って、公共交通機関は復活していた。トリブバン国際空港までの道では、すでにたくさんの人たちが仕事を始めており、行商の人たちが野菜や果物を並べている。肉屋の中で首を切り落としているところまで目に入ってしまった。

空港に着いて国内線の方へ行くと、人、人、人……。英語はもちろん、フランス語、イタリア語、ドイツ語など、様々な言語が飛び交っている。外国人も多いが、日本人もこんなに訪れているのかと驚いた。手続きを済ませ、荷物チェックをして待合室へ入ると、もうすでに座るところはない。ざっと三〇〇人くらいだろうか。八時からフライト開始だが、かなり遅れそうだ。近くにいる日本人が言うには、「昨日もおとといも悪天候で飛ばなかったから、今日は多いね。昨日は五時間待って飛ばないとわかって、ショックだったよ」とのこと。今日は快晴なので確実に飛ぶ。ただし、いつになるかは未定。覚悟しなくてはと気合いを入れ直す。

待つこと二時間。ついに小型飛行機へ、イタリアやインドの人たちといっしょに乗り込む。一〇時一五分、私たちの乗った飛行機は飛び立った。あんなに晴れていたのに、ヒマラヤは深い霧に覆われている。機体が小刻みに揺れる。子どもの頃に乗ったプロペラ機も結構揺れたが、ここまで小さな飛行機は初めてである。知らないうちに肩に力が入っている。朝よりは少ない霧だが、果たしてヒマラヤの山々は見えるのか。そして、無事に帰ってこられるのか。友人とともに合掌し、ひたすら祈った。だんだんと上昇し、厚い雲の中を抜けた。すると、そこには……。

　いきなり目の前に現れたのは、そそり立つ白銀の連峰。行けども、行けども、ヒマラヤ連峰は続く。自分が想像していたのは、その何分の一に過ぎなかったことがわかる。途中で一人ずつコックピットに案内され、一八〇度以上の視界でヒマラヤの絶景を見ることができる。私がコックピットに入ると、「あれがエベレストだ」と教えられた。思わず「おおっ！」と叫んでしまう。そのときは舞い上がって、ただただ肉眼で見つめていた。カメラで写真を撮ることさえ、すっかり忘れ去っていた。

席に戻ってから我に返り、ひたすら写真を撮り続けた。青空にくっきりとエベレストの南壁が浮かび、白い雲が頂上付近のグレーの壁を浮き立たせている。次から次へと八〇〇〇メートル級の山が現れ、どれだけ長い山脈であるかを実感した。あっという間に一時間が過ぎ、ヒマラヤを思う存分楽しむことができた。

「だから二人旅はいいでしょ。一人ではやらないことができるから！」と得意気な友人。確かに自分からは絶対に小型飛行機には乗らなかっただろう。持つべきものは勇気ある友人。そして、この後のナガルコット展望台のことを思うと、つくづくマウンテンフライトを体験してよかったのである。

世界の屋根は限りなく美しく、壮大だった。

ナガルコットへの道

マウンテンフライトを終えると一一時一五分。タメルまで一五〇ルピーで交渉してタクシーに乗り、いつものベーカリーへ行った。オムレットサンドとシナモンロールで昼食。午後はいよいよヒマラヤ展望スポット、ナガルコット一泊ツアーへ出発だ。

ホテルに戻ってナガルコット行きの準備に取りかかる。午後二時になっても迎えの車が来ないので旅行代理店に連絡すると、こちらが出向く方だとわかる。慌ててタクシーを頼み、代理店に到着。幸い、まだナガルコット行きのタクシーが来ていなかったため、珍しく社長さんと話ができた。友人はすかさず、映画『キャラバン』に出てくる仏画について質問する。

「あの絵を描いた仏師はどんな人なのですか？」

「ムスタンというネパールの北の方に住んでいるらしいよ」

「彼の描いた仏画を見てみたい。どこか見られるところはありますか？」
「それはわからない」
そこまで話をしたところで、また次々と電話が入り始めた。やはり年末年始は日本人の観光客が多く、忙しそうなご様子。したがって、話はそこまで。頼んでくださったタクシーに乗り込み、ナガルコットへ向かった。

ナガルコットまではかなり遠かった。着いたかなと思ったが、まだバクタプルという観光地だった。制服を着た少年少女がたくさんいる。どうも下校時刻のようである。やはり、ネパールの学校は冬休みではない。

バクタプルを過ぎた辺りから、きれいな田園風景が広がる。そして、本当の山道へと入っていった。その山道はくねくね曲がり、車のスピードが出ると恐ろしい。道幅が狭く、対向車とすれ違う度にはらはらする。大きなカーブのところには、転落したバスがそのまま放置されており、ぞっとする。確かに通りすがりのバスを見ていると、カーブにさしかかる度に転倒しそうなくらい傾いている。つくづくタクシーでよかったと胸をなで下ろした。ナガルコットはかなりの高地。気温がぐっと下がってきた。

約二時間かかり、ようやく山の頂上付近に到着。私たちの泊まるホテルが現れた。ロッジ風の建物で、鉢植えの花が至るところに置いてあるかわいらしいホテル。わくわくしながら手続きを終え、どんな部屋かと扉を開けた。するとそこは、まるでログハウスみたいな木の造り。今まで泊まったホテルとは全く違う雰囲気だ。運転手さんは部屋まで同行して、浴室のシャワーのお湯が出るかどうかも確かめてくれた。チップを弾むと、それまで無表情だった運転手さんが、初めて笑顔を見せて帰っていった。

荷物を整理しながら、あることに気づいた。そして二人で絶句した。

カトマンズより相当気温が低いにもかかわらず、暖房器具が何もないのだ。固そうなベッドには薄い毛布が二枚だけ。ロッジとはこんなものなのか。一体どうやって寒い夜を過ごしたらよいのだろう。運転手さんは帰ってしまったし、フロントに言ったところで設備が変えられるわけでもない。考えていても仕方ないので、気分転換に外を散策することにした。

日の出に希望を託して

ナガルコットでは、夕日に染まるヒマラヤと朝日で刻々と色が変わるヒマラヤを見るのが醍醐味なのだが、早くも夕方のヒマラヤは霧に埋もれて全く見えなかった。朝に期待するとして、ホテル内のレストランで食事を楽しむことにした。なぜなら、そこに暖房があるから。部屋に戻ると寒いので、できるだけ長く居座る作戦だ。

食事後も飲み物やデザートでつなぎ、あげくの果てに友人はノートを破って鶴を折り、ウエイターにプレゼント。彼女はいつもこういう風に粋なコミュニケーションを図る。ニューヨークでもイタリアでも、日本の一発芸を次々見せて、あらゆる店員と仲よくなった。

イタリアを旅したときのことである。ヴェネチアのサン・マルコ広場にあるカフェの重たい扉を二人で力いっぱい押していると、中からウエイターのおじさんが開けてくれた。頬が真っ赤でいかにも陽気に見えるイタリア人だ。「グラッツェ」とお礼を言うと、にっこり笑って席に案内してくれた。私たちが座って落ち着くと、オーダーかと思いきや、いきなり腕まくりをして力こぶを出し、その手の親指をゆっくりと口に近づけた。そして、そこから息を送り込むと力こぶが膨らんでいくという演技をし、「さっきの君たちはすごい力持ちだった」と言わんばかりに私たちを指さして笑った。彼の名演技がおかしくて、大笑いしながら拍手を送った。すると友人はすかさず、自分の後頭部を手のひらでたたいてぺろっと舌を出し、喉仏あたりの皮膚を指でつまむと同時に舌がすっと引っ込むという一発芸をやって見せたのである。それを見たウエイターのおじさんはもう大喜び！　友人からの指導を受けてその場で習得し、すっかり気に入った様子だった。

翌日も同じカフェに入ると、陽気なおじさんが若いウエイターを連れて現れ、昨日の一発芸を二人でいっしょにして見せた。友人はさらに、手の親指が吹っ飛ぶ芸を披露して二人から絶大な拍手を浴びた。このように、友人は打てば響く絶妙のタイミングで、言葉を介さずとも交流する才能に長けていたのである。

さて、その後もしばらくレストランで話し込んでいたが、いつまでも居座るわけにもいかないので、しぶしぶ暖房器具のない部屋に帰った。テレビも湯沸かしポットもない部屋。当然、食べ物もない。こんな中でシャワーを浴びようものなら、いくら温水とはいえ、あっという間に冷えて風邪をひいてしまう。そう考えた私たちは、ジャンパーを着たまま毛布にもぐり込んだ。まだ、午後九時。早すぎて寝付けず、二人で羊を数えたり、しりとりをしたりした。深夜○時過ぎまで続いた自分たちにすっかり呆れ果てた。

ようやく眠れたかと思ったら目覚まし時計の音。五時半に起きて、暗い中を展望台へと向かう。山の上なので、ぐっと寒い。でも、日本の冷え込みに比べれば、それほどでもない。足先の感覚は十分にある。すでに多くの観光客が集まっていた。山並みはまだ黒く見えている。今日は絶対日の出が見えると言い聞かせ、期待は高まる。日本人もやって来た。新潟から来たという一団は、ポカラに滞在してトレッキングをしているそうだ。滞在三日目にして、やっとヒマラヤが見えたという。私たちと違い、誰もが本格的なカメラで写真を撮っている。

七時前になった。「どうか見えますように」と、祈る気持ちで待つ。すると、山の右側の一点が光り、ヒマラヤの山々が白く輝き始めた。白く光る部分が次第に広がっていく。山の頂上が現れてきた。みんなが一斉にカメラのシャッターを押す。時間差でシャッター音が重なり合い、周囲に響き渡った。

「うわあ、きれい！」

思わずため息がもれる。その後、尾根と谷のコントラストがくっきりと浮かび上がり、荘厳な眺めになってきた。次の瞬間、夕日のようなオレンジ色の小さな太陽が顔を出し、みるみる昇っていく。私たちにとって、二〇〇一年、いや二一世紀の初日の出。ヒマラヤがますます輝いていく。新しい世紀の始まりに、自分がここにいるのが不思議に思えた。半年前には考えてもいなかったことが、こうして現実になっている。

太陽が昇り切ると、辺りが見えなくなるくらいまぶしくなった。ところが、それを境に再び霧が現れ、せっかく見え始めていたヒマラヤが、あっという間に深い霧に包まれていく。

「ああ……」

あちこちで落胆のため息が聞こえた。

結局、ガイドブックに載っているような迫力ある朝の絶景は、ついぞ見ることができなかった。それ以上待っていても一向に回復の見込みはなく、ますます見えなくなっていく。改めて、マウンテンフライトをしてよかったと思うのだった。そのとき初めて、自分の手先も足先もすっかり冷え切っていることに気づいた。

寒さをしのぐために、レストランに入って暖を取ることにした。すると、昨日友人が折り鶴を渡したウエイターさんが「眺めはどうでしたか」と英語で話しかけてきた。あまりの嬉しさで戸惑っていると、「昨日よりはよかったみたいですね」とさらに続けてくれた。こちらをまっすぐ見つめる彼の瞳の美しさに、「Very nice view!」と答えるのが精いっぱい。

ヒマラヤはいまひとつだったが、素敵なウエイターさんに出会えたことで大満足のナガルコット・ツアー。友人いわく、「まるでアジア映画に出てくるようなタイプだよね」とのこと。そうそう、俳優やモデルになれる容姿と落ち着いた雰囲気。写真を撮っておけばよかったが、舞い上がるといつもシャッターを忘れる私だった。

三つめの古都

午前九時半、迎えの車がやって来た。旅行代理店のスタッフが運転して来てくれた。タクシーではなかったので、カトマンズ中心地ではなく、バクタプルで降ろしてもらうことにした。

バクタプルは、カトマンズ、パタンに次ぐ三つめの古都。カトマンズ郊外だから、きっとパタンと同じように静かで落ち着いた観光地だろうと予想していた。ところが、まず入場料の高さに驚く。パタンが二〇〇ルピーだったのに対し、ここはなんと七五〇ルピーもする。入場料としては破格の値段だ。そして中に入ると、ネパール・ポップスとでもいうのか、民謡っぽいアップテンポのBGMがガンガン大音量で流れている。パタンとは全く違う世界に、思い描いていた古都のイメージは、ひとまず崩れ去る。

しかし、他の二つの古都カトマンズ、パタンよりも広々としたダルバール広場、緻密な彫刻を施した見応えのある建築物を見ているうちに、初めのショックはだんだんと薄れていった。

旧王宮の中には国立美術館になっている棟があり、タンカ（仏画）や神像が展示されている。すっかりタンカに魅せられている友人は、食い入るように時間をかけて鑑賞していた。そのおかげで私も初めてじっくり見ることになり、タンカにもいろいろな作風があることがわかった。これまでに見たことのある曼荼羅《マンダラ》もその一つだ。仏教の中でも難しいとされる密教の教えをわかりやすく絵柄で表したといわれ、作品の中心にある大きな仏様を核に、その他の仏様や仏塔などを円形の中に配置して描いたものが多い。私が日本で見たマンダラは渋くて暗い感じの色合いだったが、ここで印象に残るのは、朱色に近い赤と鮮やかな濃紺を中心とした極彩色のマンダラである。鮮明に描かれた仏教の世界は、厳しい修行を彷彿とさせ、ある種の畏れを抱いてしまうほどの迫力だ。かつて見た骨董品のようなマンダラではなく、まさに今も息づいているかのように活き活きと描かれている。一方で、菩薩や如来の肖像画のような作品は、透明感のある淡い色調で描かれ、心が洗われるようだ。これらを描いた絵師たちが、それぞれの解釈に基づいて表現した世界を飽きることなく鑑賞することができた。

また、展示の最後には現代絵画のコーナーもあり、中でも動物の絵の斬新なデザインや色遣いが心に残った。特に、虎の一本一本の毛並みまで細かに描いた作品は見事だった。


国立美術館を出て、ダルバール広場の建築物を見て回ることにした。

高い石柱の上に何やら像が掲げてある。迦楼羅マニアの私は、きっとガルーダ像に違いないと思ってカメラを向けたが、肝心な鳥人の翼がない。パンフレットを見ると、King Bhupatindra Mallaと書かれている。マッラ王朝のブパティーンドラという名の王であった。考えてみれば、ガルーダ像があるのはインドの神様が祀られた寺院のはずだ。ここはマッラ王朝に栄えた王宮の前なのだ。王の台座の下には、コブラのような大蛇が石柱に巻き付いて頭を正面に向けている。やはり蛇は守り神なのだと納得できる彫刻であった。王宮に向かって合掌している王の座像は、伸びた背筋と端正な横顔が美しく、横から見るシルエットが気に入った。

続いて、有名な『五五の窓を持つ宮殿』へと進んだ。レンガ色の壁に黒っぽい窓枠という配色の建物は、あの『クマリの館』を彷彿とさせる。一瞬、頭の痛みがよみがえったが、あれから五日目、かなり痛みが取れていることに気づく。その間、二人とも健康で安全に過ごし、随分と充実した旅ができている。頭のこぶは、しっかり旅の守り神となっているではないか。

クマリ様に大きく感謝！

大小交互に並ぶ窓は、細かい格子で覆われている。おそらく中から外は見えるのだろうが、外から中は全く見えない。格子の木組みだけでもすごい技だと思われるが、窓枠には非常に細やかな彫刻が隅から隅までびっしりと施されている。窓の上にはアーチ型の装飾部分があり、平坦ではなく前にせり出す立体的なデザインになっている。カトマンズ、パタンの木彫り装飾も素晴らしかったが、バクタプルの職人の技はそれらをさらにしのいでいる。
続いて、友人の希望によりタンカ工房を巡る。目の前で見る新作のタンカは、美術館で見るのとはまた違う。澄んだ色が初々しく、一つ一つの細部まで写実的に描かれたタンカは、ただただ美しいと思ってしまう。本物のタンカを目の前にすると、さすがに写真に収める気にはならなかった。何かそう思わせてしまうオーラが出ている気がするのだ。お面の工房では撮影に全く抵抗がなかったのに不思議である。また、写実的なものばかりではなく、モダンアート風の抽象的なデザインによるマンダラ、アニメのイラストのような画風のタンカもあることに気づいた。タンカを手に入れたい友人は、気に入った作品の値段を聞いた途端、あまりの高額に手も足も出ないとあっさり諦めていた。

今度は私のお面探しだ。バクタプルにも面の工房がたくさんあった。特に嬉しかったのは、パタンとは異なり、塗りの施された面が中心であること。

もしかしたら、伎楽に関する面があるかもしれないと期待が高まる。何軒か工房を渡り歩いていると、迦楼羅の面を見つけた。先日手に入れたものとは、また違う色と風合いだ。この前購入した迦楼羅の面は、やまぶき色の顔とくちばし、額のティカは真っ赤な丸であった。そして、ここにあるのはレモンイエローの顔に白のくちばし、緑と紫の耳、額には「？」を逆さまにした文様が付いている。カトマンズのダルバール広場で見つけた面に比べると、かなりモダンなデザインだ。同じ迦楼羅でもこんなに違うものなのか。架空の生き物だからこそ、自由に創作できるというわけだ。二つ目の迦楼羅もすっかり気に入った。

　でも、まだ工房があるのでひと通り見て回ることにした。結局、他では伎楽に関する面は見つからなかった。再び迦楼羅の面があった工房に戻ると、すぐに店員から声をかけられた。きっと、迦楼羅の面に注がれる私の熱い視線を感じ取っていたのだろう。迷わず購入した。

ダルバール広場を出てトウマディー広場へと向かった。土産店などもあるが、静かな町並みだ。

レンガ造りや木造の建物が両側にある狭い路地は、中世から変わらぬ雰囲気を思わせる。

トウマディー広場に着くと、五層の屋根を持つニャタポラ寺院がひときわ目立つ。その高さは三〇メートルで、カトマンズ盆地で一番の高さを誇る寺院である。その正面中央にある石段の両脇には、下から伝説の戦士、象、獅子、グリフィン（獅子の胴体にワシの頭と翼のある幻獣）、女神といった一対の守護像が置かれており、一番下の戦士は人間の一〇倍の力を持ち、上になるにしたがって一〇倍ずつ力が増していくといわれている。石段を上っている人も結構いたが、一段一段が半端ない高さであることに気づいた私たちは瞬時に諦め、下から眺めるだけで満足した。

続いて、隣のバイラブナート寺院へと歩いた。大きな三層の屋根は、ニャタポラ寺院よりも幅が広く、屋根の上には小さな仏塔のようなものが七つ並んでいる。縦にそびえるニャタポラ寺院に対し、横に堂々と広がる重厚感のある建物だ。寺院の前には獅子の像が対になって置かれ、その奥の台座の上に小さなバイラブ像が祀ってあった。バイラブは恐怖の神だが、このバイラブも恐いというより金色のきれいな像であった。その周りに塗り重ねられた赤い染料の方が、よほど恐い雰囲気を醸し出していた。

そして、最後にタチュパル広場へと向かった。タチュパル広場は、ダルバール広場やトウマディー広場よりも古くからあるといわれ、バクタプルで最も古い町並みである。行く途中の狭い路地には、中世を思わせるレンガ造りの家々が並んでいた。

タチュパル広場に到着すると、遠くにダッタトラヤ寺院が見えた。ところが残念なことに、一階部分がブルーシートで覆われている。改修中なのだろうか。アーチ型の建築が美しいはずだったので残念だ。しかし、寺院の前には像を載せた石柱が高くそびえている。近づいてみると、翼のある像である。ガルーダ像に違いない。パタンで見たガルーダ像よりも、翼の先が大きくカールしており、なんともかわいらしい後ろ姿だ。しかし、正面から見るとパタンと同様、仏様のような美しい顔立ちだ。寺院に向かって合掌し、祈っている姿である。お面で見る迦楼羅は滑稽な顔なのに、どうしてガルーダ像の顔はこんなにも端正なのだろう。何かと疑問は尽きないが、迦楼羅マニアの私にとっては嬉しい収穫であった。

ガルーダ像で大きく盛り上がった私たちは、その裏手の木彫り美術館プジャリ・マートの外壁にある、ネワール彫刻の最高傑作『孔雀の窓』を見ないまま、タチュパル広場を後にしてしまった。ガイドブックを見る度、今でも悔しさが込み上げる。

こうしてみると、初めの印象こそ悪かったが、他の古都にはない貴重な文化遺産にあふれていたバクタプル。職人たちの卓越した技術や感性によって残されたものが、中世の繁栄した時代を今に伝えている。当初高過ぎると思った入場料にも、十分納得することができた。

コラム⑥ お世話になったベーカリー

初めての朝食で見つけて以来、ほとんど毎日のように通ったベーカリーがある。他にも朝食スポットはあるにもかかわらず、どうしてこんなにも同じ店に通い続けたのか。それには三つの理由があった。

一つ目は、店舗の造り。ネパールに到着した翌朝、私たちはホテルを出て、どこで朝食にするか、特に目的もなく歩いて探していた。すると、店舗と店舗の間にある茅のような植物で囲まれている部分が目に飛び込んできた。私の背丈よりも高いところまで、乾燥した植物の長い茎で隙間なく覆われているため、中が全く見えない。実に印象的な風景だが、これは一体どんなスペースなのだろう。素直な私たちは、そのエスニックな雰囲気に興味をそそられ、すぐに入口を探して中をのぞいてみた。すると、意外なことにちょっとおしゃれなベーカリー・カフェ。まず、そのギャップが二人のハートを射止める。そして中に入ってみると、私たちの目を引いたスペースは、天井のないオープンテラスになっていた。つまり、青空の下で食事ができるのだ。なんという開放感。よく見ると、椅子のクッションは破れており、食器にはひび割れやシミもあるが、このロケーションにはかなわない。天気のよい日は、ここで過ごすのが一番！　一日のスタートにふさわしい。

二つ目は、パンの美味しさと種類の多さ。日記に書き残しているだけでも、スコーン、ベーグル、シナモンロール、オムレットサンド、フィッシュサンド。二〇〇〇年当時としては充実したラインナップだ。昼食用にも、夜食用にも買っていたので、他にももっと種類はあったと思う。どれを食べても美味しかったが、中でもオムレットサンドは絶品だった。ふわふわの生地がたまらない。さらに、ここのミルクティーが私のお気に入り。練乳っぽい懐かしい味に、すっかりはまってしまった。コーヒー党の私が、ほぼ毎回ミルクティーを頼んでいたことに驚く。

そして最後は、かわいいお友だち。パンを食べるとテーブルにパンくずが落ちる。それをめがけて、なんとすずめがやってくるのだ。パンくずをついばむ姿のかわいいこと。あまりにかわいいので、わざと多めに落としてみる。すると、他のすずめも下りてきていっしょに食べ始める。首をかしげるすずめはこちらを見ているようで、思わず胸がキュンとなる。日本では、こんな光景を見たことがない。ネパールでは、人だけでなく、すずめも人懐っこいのだ。

このような理由から、晴れている日はこのベーカリー・カフェで、気持ちよく朝の食事を楽しんだ。気になって調べたところ、私たちが知っている店舗よりおしゃれな雰囲気にリニューアルされ、オープンテラスは観葉植物の生い茂るゴージャスな中庭へと変貌を遂げていた。人気店であることを物語る嬉しい情報だったが、コロナ禍になってからしばらく閉店していたという。その間、行き付けの人たちはもちろんのこと、すずめたちもさぞ残念に思い、一抹の寂しさを感じていただろう。

しかし、二年余りの時を経て、今は営業が再開されている。すずめたちはまた中庭で、かつてと同じように、訪れる人たちといっしょに食事を楽しんでいると信じたい。なぜなら、あの朝のひとときは、平和なネパールを象徴する光景として、今も私の心にしっかりと刻まれているからである。

第六章　響き合う音楽と祈り

チベット人の思いにふれる

バクタプルから帰った私たちは、その勢いでお世話になった旅行代理店へと向かった。

まず、ナガルコットの報告。

「夕方は全くヒマラヤが見えませんでしたが、朝はなんとか太陽が見えて、光り輝いていくヒマラヤを眺めることができました」と社長さんに伝えた。すると、「初めの日程（一二月三一日〜一月一日）のときには全く見えていないらしいから、よかったですよ」と、にこにこしながら言われた。確かにそうだ。ほんの一瞬ではあったが、山の頂上に朝日が当たる光景を見ることができたのだ。日の出が見えただけでもすごいと、改めて感謝した。

そして社長さんは、以前私たちがスワヤンブナートでポスターを見つけた『チベットの音楽と踊りのショー』の予約を取ってくださっていた。スワヤンブナートの近くにあるホテルが会場である。相談したおかげで、こうして実際行くことができるようになった。本当によくしてもらっている。そのチケットを受け取り、ホテルに帰ってひと休憩した。

夕方、タクシーで『ホテル・バジュラ』に向かった。バジュラとは、伎楽の登場人物の一つで、日本の多くの寺の門に置かれている金剛力士像の「金剛」を意味する。今は仏教における密教の法具の一つ、金剛杵《しょ》の名前にもなっている。したがって、伎楽にまつわる実にいい名前のホテルだと友人に熱弁をふるっていたら、間もなく到着した。

大きな門をくぐって中に入ると、巨大な観葉植物が生い茂る庭が広がっていた。どこに行ったらよいか迷っていると、袖口に三本ラインの入った制服を着たホテルマンがやって来て、丁重に案内してくれた。まだ時間がたっぷりあるので、ホテル内に飾られたタンカや仮面を見て回る。こんなに豪華なホテルなのに、四〇〇ルピーでティー付きのショーなんて、なんだか得をした気分だ。

午後七時から始まるショーの会場に入ると、そこは小さなホール。『ナガ・シアター』という名前だった。前の方は座布団の席で、後ろの方には椅子が置いてある。私たちは椅子の最前列に座ることにした。ビデオ撮影をするのに一番よいと考えたからだ。しかし、撮影を許可してもらえるかどうか心配だ。誰に尋ねたらよいのだろう。後ろで関係者の人たちがミキサーやマイクのチェックをしている。勇気をふるって、その人たちにビデオ撮影が可能かどうか恐る恐る尋ねてみた。すると、「どうぞ、どうぞ。私たちは多くの人にチベット文化を知ってほしいのです」と流暢な英語で言ってくださった。思い切って聞いてよかった。しかも、逆に笑顔で喜んでくださっている。

まだ時間があったので、配られた英文パンフレットを読んでみた。今日登場する二人のアーティストは、現在インド・ネパール・チベット・ブータン、およびヨーロッパなどで知られていると紹介。休憩をはさんで歌と踊りが全部で一七曲。ますます開演が楽しみになった。パンフレットの表紙を見ると、

Every Thursdayと書いてある。そうか、毎週木曜日に行われているのだ。より多くの観光客にチベットの音楽と踊りを知ってもらいたいという思いが伝わる。観客の数は少ないけれど、様々な国や地域の人たちが集まってきた。

そして、いよいよショーが始まった。

チベット文化に魅せられて

ステージには、ダライ・ラマの大きな額入りの顔写真が掲げられていた。二人の若い男性が、ダムニェンという弦楽器を肩から提げて登場し、演奏を始めた。ダムニェンは沖縄の三線のように三弦に見えるが、実は一弦に二本ずつ計六本の弦からなる。くびれのある小さな胴体部分にはヤギの皮が貼られ、長い柄の部分を合わせた本体の長さは一メートル以上ある。弦を弾くピックは竹製で小さく、踊るときのために紐で本体に結び付けてある。ダムニェンとはチベット語で「美しい（甘い）音」という意味があり、二本ずつ張ってある弦によって豊かに音が響く。

前奏が終わると張りのある艶やかな歌声が重なり、聴き惚れてしまう。幸運を呼び込む民謡だ。西洋音楽の頭声的な発声とは異なり、地声による響きは力強く、聴く者の体に響いてくる。ダムニェンの伴奏の音はやや低めで優しく響き、歌声とのバランスもちょうどよい。

次は、ダムニェンを演奏しながら踊るパフォーマンス。チベットの踊りは、かかとのあるブーツで床を打ち鳴らすステップが見せ場である。遊牧民の特徴ともいわれるステップ中心の踊りは、時には回ったり、片足を上げて軽やかにジャンプしたり、実にかっこいい。仮面を被って踊るステップの激しいダンスは、幸運を呼ぶ踊りだという。

毎年三月、奈良の東大寺二月堂でお水取りという儀式が行われる。その中の秘行『達陀《だったん》』を一度だけ二月堂の片隅で、格子越しに聴いたことがある。午前〇時を過ぎてから行われ、一般には公開されない行法なので、目で見ることはできない。寒さにじっと耐えながら耳を澄ましていると、突然ホラ貝や鐘などの音がし、激しく床を踏み鳴らすような音が聴こえてきた。しばらく続く力強いその音は、まるで踊りのステップのようなリズムがあり、深く心に残っていた。チベットの踊りのステップの音を聴いた今、突然それを思い出したのだ。これは何か関係があるに違いない。春を呼び起こし、幸運をもたらすステップなのではないだろうか。チベットの文化が、仏教とともにシルクロードを渡って伝わってきたのかもしれない。

また、ヤンチン（揚琴）という弦楽器の独奏も心に残った。中国での名称であるが、西アジアから生まれ、ヨーロッパにもインド・中国にも伝わり、それぞれ独自に発展を遂げた打弦楽器である。ヤンチンは台形型の平べったい木の箱に横向きに弦が張られ、手前から向こうに行くにしたがって音が高くなっている。薄くて長い竹製のバチを左右に持ち、交互に打って音を出す。一つの音に何本かの弦が使われ、甘くて芳醇な音色が共鳴によってさらに豊かに響き渡る。演奏が終わったときの残響に鳥肌が立ち、すっかり虜になってしまった。

休憩になると、参加者全員にバター茶が振る舞われた。ティーとはこれだったのか。すっかり紅茶を想像していたので、思わぬ展開に大喜び。一方、友人はがっくり。紅茶の方がよかったようだ。生まれて初めてのバター茶。思ったよりはさらっとしているが、濃厚な牛乳という感じ。そして、かなり塩辛い。チベットの人たちは、これを一日に何杯も飲むのだそうだ。確かに体は温まり、空腹もしのげそうである。一日二食の謎も解けた気がした。またとないチャンスなので、おかわりをしてじっくりと味わった。友人は、信じられないといった顔で私を見ていた。食に関しては、どうも私の方が適応能力は高いようだ。

　後半も、さらに歌と踊りが繰り広げられる。マンドリンの演奏に歌声が重なる、祈りのような音楽もあった。結婚式での歌、西チベットの雪山を讃える歌などが続く。そして最後は「ラッソー、ラッソー」というかけ声とともに観客と一体になり、二人が激しいステップを踏んで踊る。「ラッソー」は、ネパールのナマステと同じ意味のあいさつ言葉だ。それが一段と加速し、最高潮に盛り上がってショーは終わった。

　大きな拍手が会場にあふれた。私たちも感動して、拍手をし続けた。その場を去るのが惜しいくらいだ。すると、友人が私の腕をつかみ、「行くよ」

と言って、初めに撮影許可をもらったスタッフのところへ向かった。そして、「二人のプレーヤーに会いたいです」と伝える友人にびっくりしていると、スタッフの一人に「五分後にここに来るから、待っていて」と言われた。やはり、持つべきものは勇気ある友人。

五分後に戻ってきた彼らは、カジュアルな服装に着替えていた。それもまたすごく粋な感じで素敵な二人だった。

「今日の音楽と踊りはすごく素晴らしかったです！」

これしか言えなかったが、どうしても感動を伝えたかった。それに対して彼らもとても喜び、力いっぱい握手してくれた。そして、スタッフの方が四人いっしょの記念写真を撮ってくださった。

チベット系の人の顔立ちはどこか日本人に似ていて、安心感を覚える。彼らの自文化を愛する純粋な心が、歌や演奏や踊りをあんなに輝かせるのだ。今後も多くの観光客に感動を与えていくに違いない。そのとき撮影したビデオはちょうど一時間ぴったり。自分にとっての永久保存版である。

幻のバジャン

チベット文化にふれた後、急に思い出したことがあった。バジャンである。ガイドブックで見つけて気になっていた庶民の音楽だ。毎晩、セト・マチェンドラナート寺院で、男たちが神への賛歌バジャンを歌うらしい。ホテルに入ろうとする友人にそのことを話すと、すぐにその足で寺院をめざそうと言ってくれた。さすが行動派だ。

しかし、暗い夜道のため、途中で道に迷ってしまい、いろんな人に尋ねながら探す。すると、日本語のできるネパリーがいた。

「バジャンは聴けるだろうか」

「バジャン？　見る？　聴く？　遅ーい！」とリズミカルに言った後、

「もう終わってるよ。たぶん」と続けた。

なかなか面白いおじさんだった。

でも、諦め切れず、急いで寺院まで歩いた。目的地に着くと、静まり返ってもう誰もいない。若い女性が水を捨てにきたので、「バジャン、フィニッシュト？」と聞くと「イエス。アーリー・モーニング……ファイブ」と朝の情報を教えてくれた。明日の朝五時から何らかの音楽があるらしい。なんとしても聴きたいので、今夜はすぐ寝ることにした。

翌日、四時前に起きて寺院へと向かった。思ったより道は明るかった。しかし、リクシャーの人たちが朝早くからスタンバイし、乗らないかとしつこく誘ってくる。二人でうまく振り切りながら、早歩きで向かう。バザールのある通りになると、野菜を売る人たちがもう準備を始めていた。おかげで、リクシャーのしつこい誘いも気にならなくなった。

迷うことなく、四時二〇分にはセト・マチェンドラナート寺院に着いた。すでに次々とお参りする人が現れ、そのうち寺院の掃除をしたり、鍵を開けたりする女の人たちがやってきた。

五時になると、パッと境内に灯がついた。その途端、集まった人たちが無伴奏の合唱を始めた。お参りにきた人が次々と加わり、いっしょに歌う。そして、帰る人と来る人が入れ替わりながら、二〇～三〇人の合唱が絶えることなく続けられていく。静かな雰囲気の合唱は、きっと神に捧げる聖歌なのだろう。みんなの音程がしっかり取れていることに驚く。その歌声は六時まで続いた。

　こうした祈りの歌声で、朝の寺院が満たされる。バザールの近くにある小さな寺院では、一日中どんな時間帯でも祈りを捧げる人が絶えない。その際に捧げるマリーゴールドの花は至るところで売られている。日々の暮らしの中に息づく祈りの時間。それぞれの家で、街角で、聖地で、来る日も来る日も祈り続けるネパールの人たちの日常。

　お参りに来る人々は、寺院の片隅でビデオ撮影をしている私にとても親切だった。初めは叱られるのではないかと心配していたが、ほほえみかけたり、両手を合わせて「ナマステ」とあいさつしたりする人がほとんどだった。中には興味深くビデオカメラをのぞき込む男性もいた。その中に英語が堪能な人がいたので、バジャンのことを聞いてみた。すると、夜の八時頃から三〇分程度、寺院の門のところで歌うという。最終日に朝の合唱を聴くことができたのは収穫だったが、それはバジャンではない。バジャンは夜の音楽で、タブラーという太鼓とアコーディオンのような音色のハルモニウムという楽器の演奏とともに、数名の男性が朗々と歌うものである。もっと早くわかっていたらよかったが、午後には帰国の途につく私たちはもう聴くことができない。心残りとはこのことだ。いつかまた来て、絶対に聴きたいと思った。

旅の終わり

ネパールに来て八日目。ホテルに帰って、無言でスーツケースの整理をする。旅の最終日は、どこか寂しく名残惜しい。朝食はいつものベーカリー。群がってくるすずめたちに元気をもらう。

チェックアウトを済ませた私たちは、大きな荷物をホテルに預け、最後の買い物に出かけた。古本屋を見つけて入ってみると、手漉き和紙の絵はがきセットが安い。すっかりお土産を買い終えた今となっては残念だ。奥に進むと、カラーの写真集やガイドブックが破格の値段で並んでいる。二人ともすっかりはまってしまい、いろいろな本を手に取った。すると、忘れかけていた伎楽の源流『マニ・リンドゥ』の祭りの写真が載った本を見つけた。そして、別の一冊には、マニ・リンドゥを行う村はタンボチェという名前で、その場所がわかる地図も載っていた。そこはエベレスト山頂にかなり近く、六〇〇〇メートル級の高地にあった。したがって、一般人が簡単に訪れることのできる場所ではない。間違いなく高山病にかかってしまう。そんなことを考えながらしばらく眺めた。最後の最後にこれまでわからなかった情報を得ることができ、この二冊の英語版ガイドブックを購入した。

昼食は、いよいよネパールで最後の食事。二人の気持ちは同じ、難なくモモに決まった。いくつかのお店で注文してみたが、やはり初めて食べた店のモモが一番美味しい。だから迷わず、その店に行った。バッファロー・モモを食べながら、初日のカルチャーショックの話題で大いに盛り上がった。

ホテルに帰った私たちは、預けていた荷物を受け取る。幾度か停電を経験したこのホテルともお別れだ。もう一度、忘れ物はないかしっかり点検する。そして、お世話になった社長さんとお茶でも飲みながらお礼を伝えようと、タクシーで旅行代理店へと向かった。しかし、運転手に「できるだけ急いで!」と頼んだのが裏目に出た。細い道に入った途端、大型バスの立ち往生に遭遇。全く進めなくなってしまった。降りて歩こうかとも思ったが、今日は荷物も多い。ひたすら待つしかなかった。

やっとバスが動き、タクシーが進めるようになったのは二〇分後。またしても社長さんとお茶を飲む時間はなくなってしまった。結局、旅行代理店のオフィスでお礼を言い、記念写真を撮ってすぐにお別れとなった。帰国の飛行機もチャーター便のため、絶対に遅れずに手続きをしなければならないからだ。後ろ髪を引かれながらも、足早にタクシーに乗り込んだ。急に旅の終わりを感じ、寂しい気持ちが押し寄せてきた。

帰国の途へ

ところが空港に着いた途端、そんな感傷的な気持ちは吹っ飛んだ。タクシーから降りると、スーツケースと同じ高さくらいの背丈しかない少年が、私たちの荷物を勝手にひょいと台車に載せて、「マネー！」と片手を出すではないか。あまりに素早い一連の動作がおかしくて、友人と二人で顔を見合わせ、「やられた」と苦笑い。やむなくチップを渡すと、「サンキュー！」と言って、その少年はまた次の仕事を見つけるために、素早く去っていった。肩がぶかぶかのジャケットが左右に揺れる後ろ姿が忘れられない。

トリブバン国際空港に入ると、日本人の長蛇の列。私たちは空港以外の旅の途中、わずかな日本人にしか出会わなかったのに、こんなにもたくさんの日本人がいることに再び驚く。大半がヒマラヤトレッキングだったのか、中高年の方々は登山スタイルが多い。出国手続きをして二階の出発ロビーへ向かった。残りの一五〇ルピーでミルクティーとビスケットを買い、二人でティー・タイム。これで外貨はきれいに使い果たした。

　搭乗の時刻となり、チェック・ゲートをくぐるために人の少ない列を選んで並んだ。「ラッキー。早い！」と言いながら安易にゲートに入ったところ、係員に大声で「ノー！　チェーンジ！」と叫ばれた。何が起こったのかわからぬまま、慌てて後ずさりした。ゲートの上を見ると、GENTSの文字。つまり、私たちが並んだのは男性用のゲートだったのだ。そのやりとりに注目していたのか、空港中の人たちが大爆笑していた。

　私たちは無事出られたものの、荷物はすでにベルトコンベアーに乗って男性用のコーナーへ。二人で「カムバック！　マイ・ラゲッジ！」と叫ぶと、係員は手で持ってきた方が速いのに、わざわざベルトコンベアーを逆回転して荷物を戻してくれた。このおちゃめな計らいに、今度は周りで拍手がわき起こった。私たちはここぞとばかりに、ネパール語で驚きを表す言葉「アーチャー」を使ってみた。すると、係員も「アーチャー」と両手を挙げて踊るように出てきて、私たちをLADIESの列に案内してくれた。それでもまだ、男女別になっていることを不思議に思いながら、女性用の列に並び直してチェックを受けた。そして、ついに謎は解けた。日本のエックス線によるチェック・ゲートと違い、ネパールのボディ・チェックは係員が上半身から下半身まで直接手で触って行うのだ。だから、女性用の係員は女性、男性用の係員は男性なのである。

どこまでも珍道中な旅も、そろそろ終わる。飛行機に乗り込むとちょうど夕方。離陸するまで、まだしばらく時間があった。目をつむって静かにしている友人の顔越しに窓の外を眺めた。

思えば、短い間だったが、ネパールでの生活に随分慣れたものだ。日本では到底あり得ない事態が次々と起こり、ショックを受けつつも、なぜか楽しみながら乗り越えてきた気がする。それは、気の許せる友人の存在、旅行代理店の温かい社長さんのいる安心感があったからかもしれない。しかし、本当の原動力になったのは、ネパールの人たちの生きている姿そのものではなかったか。ちょっとやそっとではへこたれないたくましさ。自分の気持ちを素直に伝えてくる強引さ。そして、あのキルティプルの人たちのように好奇心旺盛で無邪気なネパリーたち。こんなにも現地の人々とふれあう旅を、今まで私は経験しただろうか。

そんな思いに浸っていると、ついに飛行機が離陸した。離陸して数分後、夕日でピンク色に染まるヒマラヤが見えた。なかなか簡単には姿を見せなかったヒマラヤが今、最高の姿で私たちを見送ってくれている。友人にカメラを渡し、シャッターを押してもらった。

最後の最後にありがとう。八日間過ごしたネパールに、ナマステ（さようなら）！

おわりに

天国へと旅立った友人の通夜に行くときも、鮮やかな夕焼け空だった。日本海に沈む夕日を列車の窓から見つめた。訃報が届くまで、まさかこんなに早く命を奪う病気だとは知らなかった。厳しい闘病生活にひたすら耐えて、気丈に振る舞っていたのだろう。気づいてあげられなかった自分が情けなかった。仕事を理由にメールで済ませ、長い間会いに行かなかったことを悔いた。

こうして、退職を機に旅を辿ってみると、書き残していなかったことも思い出す。このネパール旅で友人は、会いたかったラマ僧ケツン・サンポ・リンポチェと本当に会っていた。「サンポさんの家を見るだけで十分」と言って、旅行代理店のスタッフと二人で現地へ行ったところ、偶然散歩をしに庭へ出てきたサンポ・リンポチェと話したというのだ。今にして思えば、そのときのことをもっと詳しく聞いておけばよかった。調べてみると、サンポ・リンポチェは、私たちが訪れた数年後の二〇〇九年一二月に亡くなっている。それを考えると、なんという強運の持ち主だろう。

いっしょに旅したニューヨーク、イタリアでも、言葉を超えた身振り手振り、一発芸で現地の人の心をつかんだ。私が旅先で躊躇していると、いつも決まって背中を押してくれる。そして、地図にめっぽう強かった。私にとって、どこまでも心強い相棒であり、羅針盤だった。旅の日記を付けるようになったのも、彼女のおかげである。この『ナマステ紀行』を読んだとしたら、一体どんなコメントを発するのだろうか。

旅行記をまとめるにあたって、ネパールに関する資料をいくつか紐解いた。それを読んで初めて、ネパールは私が思っていたような平和な国ではないことを知った。一八世紀に王国になって以来、ずっと政情不安とともにあるといっても過言ではなく、二〇〇一年の王族殺害事件も数ある政変の一つに過ぎない。また、二〇一五年四月二五日には、マグニチュード七・八のネパール大地震も起こった。その死者は八〇〇〇人を超え、多くの文化遺産が崩れ落ちた映像には今でも衝撃を受ける。数年前に出版された写真集や書籍を見ると、復興が進んでいるように感じる一方で、元に戻ることのない歴史的建造物も多いことを知る。

そんな中で、写真家や研究者の方々は、今も変わらず現地に足を運び、さらなるネパールの魅力を伝えている。ネパリーたちの笑顔、極彩色の寺院や町並み。農村の美しい緑、ヒマラヤの白い山々。無性にまたネパールのことが気になり始めた。

この旅行記を書き終えた今、ネパールで私の中に芽生えていたものが、大きく育ってきたように感じる。「本当の豊かさとは何か」と問い続ける自分。「人はいくらでも強くなれる」と言い聞かせる自分。それに気づかせてくれた人たちに感謝を伝えることはできないけれど、思いを馳せることはできる。

さらなるネパールの復興と発展を願い、出会ったすべての人たちの幸せを心から祈りたい。

最後に、本の出版という私にとって夢のような提案をしてくださった幻冬舎ルネッサンスの結城さん、いつも温かい助言で導いてくださった編集担当の佐藤さん、ネパール現地の近況について情報をいただいた写真館の方、そして本書の出版を快く承諾してくださった友人のご家族に、この場をお借りして、心からお礼申し上げます。

二〇二三年　七月

桝田　祐子

参考文献

藤井知昭・田村仁『ヒマラヤの楽師たち』音楽之友社　一九九一年

柘植元一『シルクロード　楽器の旅』音楽之友社　一九九二年

ハインリヒ・ハラー著　福田宏年訳『セブン・イヤーズ・イン・チベット　チベットの七年』角川文庫ソフィア　一九九七年

立原えりか『キャラバン　――神の山をこえて――』アーティストハウス　二〇〇〇年

アラン・ブラックウッド著　別宮貞徳監訳『世界音楽文化図鑑』東洋書林　二〇〇一年

石井溥・大村次郷『ヒマラヤの「正倉院」カトマンズ盆地の今』山川出版社　二〇〇三年

西岡信雄『人と神と音　楽器をフィールドワークする』ミュージックトレード社　二〇〇四年

バッタライ・ナビン『もっと知りたい国　ネパール』心交社　二〇〇八年

公文健太郎『世界のともだち　7　ネパール　祈りの街のアヌスカ』偕成社　二〇一四年

矢巻美穂『トレッキングとポップな街歩き　ネパールへ』イカロス出版　二〇一五年

『TRANSIT 43号「カトマンズもヒマラヤも！　愛しいネパール」』ユーフォリアファクトリー　二〇一九年

参考文献

吉田忠正著　藤倉達郎／ジギャン・クマル・タパ監修『現地取材！　世界のくらし　5　ネパール』ポプラ社　二〇二〇年

公益社団法人　日本ネパール協会編『現代ネパールを知るための60章』明石書店　二〇二〇年

『地球の歩き方　ネパールとヒマラヤトレッキング　2021～2022年版』ダイヤモンド・ビッグ社　二〇二〇年

『地球の歩き方　チベット　2018～2019年版』ダイヤモンド・ビッグ社　二〇一八年

〈著者紹介〉

桝田祐子（ますだ ゆうこ）

1963年、鳥取市生まれ。
鳥取市の公立小学校、鳥取県立養護学校、鳥取大学附属小学校で教員生活を送り、2022年3月に早期退職。在職中は特に音楽教育へ力を注ぎ、「音楽は地球みんなのたからもの」をスローガンに、世界の諸民族の音楽を教材とした授業づくりに取り組んだ。近年、鳥取大学地域学部で教育実習、音楽科の学習指導に関する講義を行う。日本音楽教育学会、日本学校音楽教育実践学会会員。

ナマステ紀《き》行《こう》

世《せい》紀《き》をつなぐネパール出《で》会《あ》い旅《たび》

2023年7月2日　第1刷発行

著　者　　桝田祐子
発行人　　久保田貴幸

発行元　　株式会社 幻冬舎メディアコンサルティング
〒151-0051　東京都渋谷区千駄ヶ谷4-9-7
電話　03-5411-6440（編集）

発売元　　株式会社 幻冬舎
〒151-0051　東京都渋谷区千駄ヶ谷4-9-7
電話　03-5411-6222（営業）

印刷・製本　中央精版印刷株式会社
装　丁　　立石 愛

検印廃止

ISBN 978-4-344-94531-9 C0095
幻冬舎メディアコンサルティングＨＰ
https://www.gentosha-mc.com/